现代足球训练体系

田磊 著

中国纺织出版社

内 容 提 要

本书以现代足球训练为研究对象，在简要叙述现代足球训练基本知识的基础上，对现代足球训练理念进行了详细分析和阐释，并对现代足球训练的体系构建进行了系统的理论与实践研究，指出了现代足球体能训练、技术训练、战术训练、心理与智能训练的必要性和具体方法。本书的研究是在我国足球运动教育、竞技体制改革的大背景下进行的，研究过程中突出了现代足球运动训练的新理念、新方法，为进一步完善我国足球运动训练体系、提高我国足球运动水平具有重要的意义。整本书具有较强的实用性和前沿性，集理论性与指导性于一体，是一本关于现代足球运动训练的科学著作。

图书在版编目(CIP)数据

现代足球训练体系/田磊著.--北京：中国纺织出版社，2019.1

ISBN 978-7-5180-2067-6

Ⅰ.①现… Ⅱ.①田… Ⅲ.①足球运动－运动训练－研究 Ⅳ.①G843.2

中国版本图书馆 CIP 数据核字(2015)第 246059 号

责任编辑：姚　君　　责任印制：储志伟

中国纺织出版社出版发行

地址：北京市朝阳区百子湾东里 A407 号楼　邮政编码：100124

销售电话：010－67004422　传真：010－87155801

http://www.c-textilep.com

E-mail:faxing@c-textilep.com

中国纺织出版社天猫旗舰店

官方微博 http://www.weibo.com/2119887771

北京虎彩文化传播有限公司印制　各地新华书店经销

2019 年 1 月第 1 版第 1 次印刷

开本：710×1000　1/16　印张：16

字数：236 千字　定价：73.00 元

前　言

足球运动如今几乎成为“世界第一运动”，当开展高水平的运动竞赛时，总能吸引全球各地的足球迷关注。我国在1992年确立了走足球的职业化发展道路，并建立了相应的竞赛体制。但是，在世界足球运动广泛开展的同时，中国足球运动的水平却相对较低，多年来在重要国际竞赛中连连失利。为了扭转足球运动的不良发展态势，我国进行了多方面的足球改革，取得了一定的成绩，并取得2002年参加了世界杯出线权。但是总体而言，我国足球始终处于较低的水平。近年来，我国政府对于足球运动的重视程度不断提高。在2015年，我国提出了《中国足球改革总体方案》，旨在促进国内足球运动水平的发展和提高，这无疑大大推动了我国足球运动的发展。

影响我国足球运动发展水平的因素众多。本人认为，除了体制方面的问题外，足球训练体系缺乏科学性、合理性、系统性也是造成我国足球运动发展缓慢的重要原因。在足球体制方面，我国出台了《中国足球改革总体方案》，并提出了相应的改革措施；在足球运动训练方面，为了促进我国足球运动训练水平的提高，特撰写了此书。

本书共分为七章。第一章为现代足球训练的概述部分，主要分析了足球运动的基本知识、足球比赛与训练以及现代足球训练的发展现状；第二章探讨了现代男女足球训练的理念；第三章对足球训练的基本体系进行了探讨，包括现代足球训练的任务和目标、要求与原则、方法与计划；第四章至第七章分别探讨了现代足球运动的体能训练、技术训练、战术训练和心理与智能训练。

本书立足于我国足球运动训练的实际，对足球运动训练体系进行了深入、全面地探讨。希望本书对运动员的运动训练具有指导意义，对研究者进行相应的研究具有一定的参考价值。

本书在撰写过程中参考了多位专家、学者的著作，在此对其表示诚挚的感谢。由于本人能力有限，书中难免会有疏漏和不当之处，恳请各位读者批评指正。

编者

2018 年 8 月

目　　录

第一章　现代足球训练概述

足球运动是一项世界性的运动，场上竞争异常激烈，故对运动员的体能和技术都有较高的要求。足球运动员的运动训练对于其身体能力和技战术水平的提高具有重要的意义。因此，本章对现代足球训练的相关内容进行了分析和研究。

第一节　现代足球运动的基本知识

一、足球运动的起源

（一）古代足球的起源

足球是当今世界上开展最广泛、影响力最大的体育运动项目之一。它是以脚控制球为主要运动形式，并且在一定规则的约束下，力争将球踢进对方球门的体育运动。关于古代足球运动的起源，有以下几种说法。

(1)宗教说。这种说法认为足球起源于远古时期的宗教活动。有的把足球比作太阳，它的产生是生命和维系生命的象征。有的把足球比作野兽的头，比赛时谁抢到这个头，谁就能获得来年的丰收。

(2)游戏说。据史料记载，我国在公元前 15 世纪就有了“足球舞”游戏，这就是后来所说的“蹴鞠”。在公元3000多年前的商代甲骨文中就有蹴鞠舞的记载。司马迁在《史记》中也较为详细地描述了战国时期齐国临淄，百姓在安居乐业的同时开展的蹴鞠活动。而西方国家也有类似足球游戏的文字记载，像意大利的“Gioco Del calcio”（一种脚踢运动）。这些都属于个体游戏，皆是用脚踢的娱乐方式。

(3)比赛说。据史料记载，我们的祖先黄帝是蹴鞠运动的创造者，曾用蹴鞠来训练武士。而汉代的高祖刘邦在宫苑内修建了开阔的校场——鞠城，两端设有鞠室，比赛双方以进鞠室多者为胜。这种比赛形式倾向于现代足球集体间的相互比赛，比赛双方可在一定的方式下确定谁优谁劣，最终达到一种能使人强烈兴奋、奋发进取的快乐。因此，这个说法相对最为贴近现代足球运动发展的现状及其基本特征。

总之，关于足球起源的问题众说纷纭，至今仍然没有一个统一的结论。

(二)现代足球的起源

现代足球运动起源于英国。相关的资料显示，1066年，罗马的一种球类游戏“哈巴斯托姆(Harpastum)”传入英国，并在以后逐渐流行起来。然而当时的这种踢球游戏基本没有任何规则，且允许手脚并用甚至抱球跑，游戏场地也没有要求，城镇街区、村庄小巷都可以成为游戏的场所。在此情况下，比赛双方常常在比赛中发生激烈的肢体冲突，因此，这种运动被当时的人们形象地称为“暴民足球”。

随着时间的推移，英国的足球运动在19世纪初期发展到了顶峰，并在公立学校中得到广泛开展。1823年，一名叫埃利斯的学生先是为橄榄球制定了简单的比赛规则，1846年，完善的英式橄揽球规则制定完成。1849年，伊顿公学废除了橄榄球规则中用手传球、带球的条款。因此，伊顿公学的场地足球被看成是现代足球的最早原形。

英式橄榄球与英式足球分化以后在英国进一步演化和发展着，1863 年 10 月 26 日，来自伦敦和郊区的 6 所公学的足球队代表组成了英格兰足球协会。与此同时，协会将比赛规则进一步完善，使得英式足球极具观赏性，一些俱乐部由此看到了“钱途”开始向观众收取入场费。这样，早期足球运动便拥有了职业化的“影子”。1865 年，英足总承认了职业足球的合法性。1888 年 3 月 22 日，英国开始出现了职业联赛，名为“英格兰足球甲级联赛”，首届联赛共有 12 支球队参加，最终普林斯顿队获得了联赛冠军。

二、足球运动的发展

（一）世界足球运动的发展

1857 年，英国成立了第一个足球俱乐部——谢菲尔德足球俱乐部。此后，英国的其他一些地区相继成立了足球俱乐部。由于比赛不断增多，迫切需要成立一个全国性的足球组织，统一全国的比赛规则，组织全国的足球比赛。

1863 年 10 月 26 日，英国成立了第一个足球运动组织——英格兰足球协会，该协会由 11 个足球俱乐部的代表在伦敦举行会议通过。因此，一般都把 1863 年 10 月 26 日作为现代足球运动的诞生日。

1863 年后，欧洲一些国家纷纷成立足球协会。由于各国间比赛的增多，迫切需要成立一个世界性的足球组织。

1868 年，英国人将足球传入非洲，1870 年足球进入大洋洲的澳大利亚。

1872 年，足球运动史上的第一次正式比赛——泛英足球比赛举行，比赛的双方是英格兰和苏格兰。

1885 年，英格兰建立了世界上第一个职业足球俱乐部。在其影响下，西班牙、意大利、奥地利、匈牙利、捷克和斯洛伐克等国也开始效仿。

1888 年,世界上第一次足球联赛在苏格兰举行。

1893 年,南美洲首次开展足球联赛。

1894 年,足球运动传入巴西。由于各球队相互间比赛、交流不断增加,迫切需要有一个国际性的足球机构来协调并组织活动。

1904 年 5 月 21 日,国际足球联合会(FIFA)在法国巴黎成立,总部设在瑞士的苏黎世。国际足联的创立,标志着足球作为一项世界性的体育运动项目登上了国际体坛,使足球运动在世界范围内开展起来。

1908 年,足球被正式批准为奥运会项目。

1925 年,国际足联对足球竞赛规则做出了一些改变,将 1875 年以来实行的越位规则进行了修改,大大推动了足球技战术的发展。

1930 年,乌拉圭成功举办了第 1 届世界足球锦标赛,后来因第二次世界大战中断了 12 年。

1930 年,英国人埃尔贝·契甫曼创造了"WM"阵型,此"WM"一度风靡整个足球届,这种阵型的流行持续了近 20 年的时间。

20 世纪 50 年代初,匈牙利创造了"四前锋"的踢法,这种战术打法极具进攻性和侵略性,它给予对手极大地压迫感。从此,"四前锋"战术动摇了"WM"长期统治足坛的地位,这被称为足球运动的第一次变革。而足球运动的第二次变革是巴西人创造的"4－2－4"阵型,第三次变革则是荷兰人创造的全攻全守的打法[①]。而现今流行的"4－2－3－1"打法重视控制中场,意图通过中场的有效传递撕开对方的防线,最终为中锋创造出最佳的射门机会。当然,这种打法除了需要富有创造力的前卫球员外,更重要的是要有一名强力中锋。

① 张瑞林．足球运动．北京:高等教育出版社,2005．

足球运动的流派发展到今天逐渐分化为以下三种。

第一种是欧洲派。这种流派的特点为以力量见长，讲究全队整体协调配合，战术纪律要求严格，长传准确，推进速度快，打法硬朗、简练、实用，防守逼抢凶狠；队员身体素质好，身材高大壮实，力量强。代表球队：英格兰队、德国队。

第二种是欧洲拉丁派。这种流派的特点为队员灵巧、速度快，个人技术熟练、全队讲究整体配合，长短结合、边中结合，以短传配合为主，防守坚实，善打快速反击。代表球队：西班牙队、葡萄牙队。

第三种是南美派。这种流派的特点为队员个人技术娴熟细腻，过人技巧、突破能力，以及传、接、控球技术都非常出色；球员的创造力极强，令人防不胜防，但战术纪律相对松散，随机性强；队员的灵活性、柔韧性、协调性较好。代表球队：巴西队、阿根廷队。

1970 年第 9 届世界杯上，巴西队第三次获得冠军，世界杯奖杯“雷米特杯”被巴西队永久占有。现在的流动奖杯为“大力神杯”，国际足联规定此杯为永久性流动奖杯，任何国家不论夺得多少次冠军，都不得独自占有该杯，其保留权力仅为四年，直至下一届世界杯开始前。

从 20 世纪 70 年代末开始，全球掀起了足球职业化的热潮，到 20 世纪 90 年代初，亚洲各国也开始实行足球职业化，这使得足球这一娱乐竞技性的运动得到了很好的发展，并逐渐发展为世界第一运动。

（二）我国足球运动的发展

1. 古代足球运动的发展

有学者认为，古代足球起源于中国，即为中国的“蹴鞠”游戏。我国的蹴鞠运动的发展主要可分为四个时期，其发展阶段如下。

(1)萌芽与产生时期。据《战国策·齐策》记载,在2500年前,齐国首都临淄的百姓就将“蹴鞠”作为一种流行的消遣和娱乐形式,而在汉代,蹴鞠就更为流行,当时的蹴鞠包括三种形式:一是在音乐伴奏下的表演式“蹴鞠”;二是自娱自乐的大众蹴鞠;三是用于军事训练,互有攻守的多球门蹴鞠。另外,在这一时期已经开始用动物皮革缝制、里面填充毛发的弹性实心球了。

(2)发展与兴盛时期。唐代:唐朝是蹴鞠快速发展与鼎盛的时期,当时已经开始使用外面由八片动物皮缝制,里面用动物膀胱充气的空心球了,而且将对抗式蹴鞠由低球门改为高球门,由双方直接对抗改为双方将球从两个立杆上的球网中的球洞踢向对方场地的间接式对抗。

宋代:宋代继承了唐代的高球门蹴鞠,而且开始使用风箱为球充气,当时在市井娱乐的表演场中还有了专门以表演蹴鞠技艺为职业的艺人,并出现了最早的民间球会组织“香社”,又称为“齐云社”。在这一时期,蹴鞠运动得到了前所未有的发展,据传宋太尉高俅就是蹴鞠的高手。

(3)衰落时期。经历了唐代和宋代的发展和兴盛,蹴鞠在明代的社会地位开始下降,并逐渐走向衰弱。清朝初期,清政权对汉族的传统文体活动采取压制政策。而到了清代中期,蹴鞠这项有着几千年传统的运动形式基本消失了。

2. 近现代足球运动的发展

(1)我国近代足球运动的发展。1840年鸦片战争战败,西方文化大量涌入中国。足球运动也是其中之一,它最早出现在我国香港地区。

19世纪80年代至20世纪初,现代足球运动在上海圣约翰大学和南洋大学等一些教会学校首先开展起来,随后武昌、天津、南京、青岛、厦门及杭州等一些沿海城市的教会学校也先后开展了足球活动。

1908年,中国近代史上的第一个足球组织“南华足球会”

成立。

1910 年，中国举行了第 1 届全国运动会，足球被列为正式比赛项目。

1913～1923 年，中国足球队先后参加了 6 届远东运动会足球比赛，并获得 5 次冠军。

1924 年，中华全国体育协会在上海成立。

1931 年，中华全国体育协会加入国际足联。随后，中华足球联合会、延边间岛体育会、大连足球联盟、天津足球会等一些地方性管理组织相继成立。1924～1935 年，中华民国举办了四届全国运动会足球比赛；再加上 1926～1933 年间举办的 3 届，共举办了 7 届全国足球比赛。1925～1934 年，中国足球队连续夺得第 7 届至第 10 届远东运动会足球比赛的冠军。1936 年，中国足球队首次参加奥运会足球比赛，但由于过于漫长的旅途耗费了球员太多的体力，最终遗憾地遭到淘汰。

1937 年抗日战争爆发后，中国的足球运动处于停滞状态，国内各城市的足球比赛迅速减少，国际交往完全停止。

1945 年抗日战争胜利后，以足球为代表的许多体育运动项目开始逐渐恢复。尤其是以香港、上海及东北等相对发达的地区恢复较快，处于国内领先地位。

1948 年 8 月，中国足球队参加了在英国伦敦举办的第 14 届奥运会足球比赛，首战土耳其以 0∶4 失利，被淘汰出局。

(2)我国现代足球运动的发展。

①中华人民共和国成立后十年。中华人民共和国成立后，在党和政府以及广大足球工作者的共同努力下，我国足球事业取得了快速的进步。1951 年，在天津举行了第 1 届全国足球比赛，参加比赛的共有 8 支代表队，他们来自六大行政区，主要成员是解放军、铁路工人等。比赛后选拔出 30 多名运动员，组成了中国国家足球集训队，他们是中华人民共和国开展足球运动的骨干力量。

从 1953 年开始，我国各体育学院、系先后开设了各类足球课程。1954 年前后,部分大的行政区和行业系统、各省市相继建立起自己的足球队,并进行专门的训练。1954 年 2 月,我国邀请了当时世界足球强国匈牙利国家队来华进行比赛讲学,让我国足球界开阔了眼界,了解到当时世界上最新的技战术。同年 4 月和 10 月,我国先后派出两批共 25 名青年足球运动员赴匈牙利学习,这批队员中的大部分后来成为国家队主力,这对提高我国足球运动水平起到了积极的作用。

为适应国际交往和推动全国足球运动的进一步开展,1955 年,中国足球协会成立,并在 1956 年建立了全国足球竞赛制度和运动员、裁判员等级制度,开始实行甲、乙级足球联赛。1957 年,又实行甲、乙级升降制。1959 年,将足球正式列入全运会的比赛项目。

1957 年,中国足球队第一次参加世界杯预选赛遭遇淘汰。1958 年 6 月 7 日,由于各种原因,我国宣布退出国际足联。而在 1958～1960 年间,我国在一系列国际邀请赛和友谊赛中取得了较好的成绩,足球水平有了进一步提高。

②三年自然灾害时期。在 1960～1965 年间,我国大多数球队中断了训练与比赛,足球水平呈大幅度下降的趋势。1964 年,随着国民经济的好转,足球运动又得到了恢复和发展。国家体委、全国总工会、教育部等联合召开了全国足球工作会议,向全国发出"大力发展足球运动、迅速提高技术和水平"的号召。会后,各专业足球队开始恢复训练,甲、乙级足球联赛和青少年竞赛制度也得到全面的恢复。

1965 年 6～10 月,我国足球队在一系列国际比赛中都取得了较好的成绩。同年 9 月举办的第 2 届全运会上,各队的足球训练与竞赛水平都有所提高。

③十年"文革"时期。1966～1976 年,在这一时期,我国的足球运动遭到了严重的破坏,全国足球竞赛、国际交往,连同足球教学、训练、科研等活动全部被停止。

1971～1976 年,各级足球竞赛活动有所恢复。1974 年 9 月

14 日，中国足球协会在亚足联的代表大会上重新恢复在亚足联的合法席位。同年，中国足球队参加了第 7 届亚运会足球比赛，但没有获得小组出线权。1976 年，中国队首次参加亚洲杯足球赛，并获得第三名的好成绩。

④改革开放至今。改革开放后，我国的足球运动随经济建设的发展而大踏步前进。此时有组织的足球联赛建立起来，如 1978 年开始恢复全国足球甲、乙级联赛双循环升降级制度，并建立了全国成年队联赛、青年队联赛的各级较稳定而系统的竞赛制度，这对我国今后足球职业化的发展起到了重要的作用。

1979 年，为尽快改变我国足球运动水平落后的面貌，国务院批准下发了《国家体委关于提高我国足球技术水平若干措施》的重要文件。文件指出，在群众中特别是在青少年中大力普及足球运动、抓好足球运动的重点地区、迅速组建国家青年足球队、大力加强科研工作等九大措施。

1992 年 6 月，中国足协在北京红山口召开全国足球会议，这次会议明确提出了对于足球运动要改革体制、转换机制等根本问题，着手推行足球运动队从专业队体制向俱乐部体制转轨事宜，确定中国足球日后将走职业化的发展新道路。由此，国内足球改革向着职业化发展的方向迈出了具有历史意义的一步。1993 年在大连全国足球工作会议上进一步提出了“继续深化改革、深入整顿是今后我国足球界的两项主要任务”的方针。改革的主要内容是实现足协实体化，建立和完善足球俱乐部体制，开展职业联赛，实行人才流动与引进，运动员实行注册制，比赛许可证制。另外，这次会议还提出了《中国足球事业十年发展规划(1993—2002)》《中国足协章程》《中国足球俱乐部章程》等重要文件，其核心是体制改革和竞技水平的提高。

1993 年，由 8 支新成立的足球俱乐部在广东进行了俱乐部杯赛，这也是为第二年正式开始职业联赛做准备。1994 年，中国足球职业联赛正式开始，命名为“全国足球甲级 A 组联赛”“全国足球甲级 B 组联赛”以及“全国足球乙级联赛”，“甲 A”

“甲 B”共有 26 个俱乐部队参赛，其中甲 A 球队 12 支，甲 B 球队 14 支，联赛主要采用双循环、主客场每周一赛制。联赛实行升降级制度，每年甲 A 最后两名降入甲 B，甲 B 前两名升入甲 A。1998 年，中国足球职业联赛甲级 A 组由 12 支球队扩大为 14 支球队。据统计，2000 年我国共有注册足球教练员2568名，注册足球运动员 29056 名。足球运动在我国呈现出一片欣欣向荣的景象，一时间，足校林立，在广场、公园、校园等场所很容易看到踢球的人群。

2004 年，中国足球甲 A 职业联赛改名为中国足球协会超级联赛，相应的甲 B 联赛也改为中国足球甲级联赛，并于同年举办了首届中国足球协会超级联赛。

2013 年，中国广州恒大队夺得了亚洲俱乐部冠军联赛冠军，并在同年年底的世界俱乐部杯赛上过招欧洲冠军拜仁慕尼黑，尽管因实力不济最终以 0∶3 负于对手，但第四名的成绩依旧创造了中国足球职业俱乐部在国际赛场上的最佳战绩。目前，我国的足球运动的改革正在不断深入开展中。

（三）现代女子足球运动的发展

1. 国际女子足球运动的发展

现代女子足球运动诞生于 19 世纪末的英国。当时受妇女参政宣传工作的影响，女子足球运动受到民众的支持，并逐渐在欧美等国发展起来，但是女足运动的开展并未得到官方的承认，而一些国家的社会舆论对女子足球也横加指责，医学界也存在着女子足球运动对妇女身体健康有害的说法。第二次世界大战期间，很多女子足球队名存实亡，女子足球运动一度处于低潮，直到战后才又慢慢地得以恢复和发展。

进入 20 世纪五六十年代，一些欧美国家逐步承认女足的合法性，相应的一些非正式女足国际比赛也组织开展起来。20 世纪 70 年代初，女子足球运动正式得到国际足联认可。20 世纪 80

年代，国际足联开始尝试举办国际女足比赛。而一些女子足球运动刊物的创办对女足运动的发展也起到宣传与推动的作用。20世纪90年代初，国际足联成立了女子足球委员会，专门管理世界女足运动。1996年第26届奥运会首设女足比赛，使得女子足球运动在全世界范围内以前所未有的速度蓬勃发展起来。

(1)欧洲女子足球运动。欧洲是最先大规模开展女子足球运动的地方，起步早、发展快。1890年初，英格兰率先组建女子足球队。1892年，英格兰“普雷斯顿迪克”女子足球队首访美国，并同业余男子足球队进行了友谊比赛。1894年，英格兰出现了世界上最早的女子足球俱乐部。1960年联邦德国足协专设负责女子足球工作的特别委员会，为本国培训了大批女教练员和女裁判员。同年，瑞典也开始兴起女足运动，并受到瑞典体育联合会的高度重视，经过一段时间的发展，女足运动很快在瑞典的大部分学校中得到推广和普及。与此同时，女足运动也开始在东欧流行，一些国家政府大力动员女性积极参加工厂、学校和官方业余女子足球队。20世纪60年代末，意大利及瑞典开始举办女子足球等级联赛。1971年，比利时女子足球得到官方承认，有50多个女足俱乐部加入了国家足协。同年冰岛足协承认女足运动，并举行了室内女子足球锦标赛。1984年欧洲足联试办了首届欧洲女子足球锦标赛，从此建立起欧洲女子足球竞赛体制。

(2)美洲女子足球运动。很长一段时间里，在美洲只热衷于男子足球运动，对普及女子足球运动热情不高，女子足球发展较慢。美洲最早开展女足运动的国家是巴西和墨西哥。1965年，巴西成立了第一支女子足球队，并拥有一批女教练员专门从事训练工作，以后数量不断增加。20世纪60年代初，墨西哥开女子足球队加入地方足协的先河，当巴西与墨西哥进行双边女足交往后，阿根廷、委内瑞拉、秘鲁等国也开始了女足运动的尝试。1971年墨西哥举行了由商业界发起的非官方的世界女足锦标赛，许多欧美国家都积极参加了比赛，这对美洲女足运动起到了较大的推动作用。20 世纪 70 年代初，美国有少数女子足球队参加了本国体联半职业男子足球俱乐部，1974 年成立了女子足球组织，1979 年正式建立第一个女足俱乐部。进入 20 世纪 80 年代中期，美国已有 100 多万名 19 岁以下的女青少年投身于足球运动，并在全国建立起了分级、分龄的多层次女足竞赛体系。1997 年，美国正式建立女子职业足球联赛制。美洲虽在女足普及程度和整体运动水平上不及欧洲，但美国和巴西的女足水平却始终位居世界前列。

(3)亚洲、非洲、大洋洲女子足球运动。亚洲女子足球运动最先兴起于新加坡。20 世纪 50 年代末、60 年代初，泰国、印度、日本、中国台湾相继开展了女足运动。1961 年日本大学中出现女子足球俱乐部。1964 年以后，新加坡和泰国的女足运动得到官方承认。20 世纪 60 年代后期，新加坡将女足列入全国运动会正式比赛项目。1968 年 4 月，亚洲女子足球协会在香港成立，并从 1975 年开始举办亚洲女子足球锦标赛。20 世纪 70 年代末，中国台湾以及中国大陆女足运动开始起步，很快便取得惊人的成绩。1985 年亚洲足球联合会成立女子足球委员会。20 世纪 80 年代后期，日本出现女子职业足球队。在这一时期，朝鲜和韩国的女足也快速发展起来。1990 年亚奥理事会正式在亚运会上首设女足项目。

非洲女子足球运动在开展时间、普及程度及运动水准方面均稍逊于其他各洲，但发展潜力不可低估。1980 年阿尔及利亚首先倡议以国家名义开展女足运动，引起赞比亚、喀麦隆、加纳、科特迪瓦等国的响应。20 世纪 90 年代，尼日利亚政府受男足在国际足坛异军突起的刺激，加大女足运动普及力度，使本国女足迅速发展，一举跻身于非洲女足最强队。

大洋洲女子足球运动以澳大利亚和新西兰为代表。1974 年澳大利亚成立女子足球协会，注册会员达 1 万名。1975 年新西兰在原北岛女足组织的基础上成立了全国女子足球协会，将女足运动扩大到南岛，使所属主要俱乐部遍及全国十多个主要城市。进入到 20 世纪 90 年代，新西兰每年均举办少年、青年、成年女足全国比赛，个别女足队员还远赴欧洲踢职业足球。

2. 中国女子足球运动的发展

中华人民共和国成立后，中国女子足球运动的发展可分为以下几个阶段。

(1)萌芽阶段(20 世纪 70 年代中后期至 20 世纪 80 年代初)。早在 20 世纪 50 年代末，我国两广及福建部分地区就曾一度有女子足球运动萌生，但未能持久发展下去。到了 20 世纪 70 年代中后期，云南、辽宁部分地区出现了女子足球运动，但未能得到应有的重视。1979 年 7 月，在陕西西安市诞生了我国第一批有影响的女子足球队——西安东方红机械厂子弟学校队和西安铁路局第一中学队，在全国引起强烈的反响。此后，女子足球运动便在一些足球重点地区开展起来。1981 年 2 月，北京市首次举行了中学女子足球邀请赛。5 月，广东省举办首届女子足球赛。同年，陕西钢铁厂女子足球队远征京、津、沪等地，连获胜绩，在全国影响颇大。当时中央电视台还摄制了中国第一部女子足球文献纪录片，对女子足球运动进行了介绍和推广。但那时还有相当一部分人对刚开始起步的女足运动持反对意见，而体育界也对女足运动的推广尚未形成统一的认识，造成女子足球运动的发展举步维艰。

(2)推广普及阶段(1982～1988 年)。在这一时期，中国各地女子足球队全面兴起，开始出现了企业与体育部门联合办队、办赛的情况，我国也响应时代的号召创建了国家女子足球队，逐步形成了国内女足竞赛体系，形成了女子足球运动以比赛促提高、大面积加速发展的格局。

1982 年 8 月，北京举办了首届女足邀请赛。国务院及国家体委领导同志出席开幕式并接见各队领队。这次比赛成为中国女足运动发展的转折点，标志着中国女足运动得到国家和社会的认可。

1983年1月，由《足球报》和《足球世界》杂志编辑部在广州联合举办了有12省市参加的首届全国女足锦标赛，从此开始，形成每年一届的竞赛制度。经过这两次大赛的推动，各地女子足球队如雨后春笋般地建立起来。

中国女足运动的迅速崛起，引起国际足坛的关注。1983年国际足联和亚足联批准在中国举办1983年国际女子足球邀请赛。11月，辽宁队获得此次邀请赛的冠军。这次国际比赛使中国女足队员首次有机会与外国队交锋，开拓了视野。在这样的形势下，中国又先后组织了许多邀请性的杯赛，逐渐形成了传统。

1984年1月，中国有史以来第一支国家女足集训队正式成立。同年，在古都西安举办国际女足邀请赛，国内四支强队与意大利、美国、日本、澳大利亚队同场竞技，外国队包揽前四名，这使国内队看清了自己的实力，了解到国外先进的技术、战术和竞赛水平。

1985年广州电冰箱工业公司与广东省足协共办包括广东女足在内的“万宝”足球俱乐部，首次在中国女足中实现由行政管理向俱乐部体制的过渡。年底，国家女足再度成立，为增加国际比赛经验，为亚洲锦标赛作热身准备，国家女足于1986年7月远赴意大利参加由意大利、美国、巴西、墨西哥、中国、日本6支欧、美、亚强队参加的威尼斯国际女足邀请赛，中国队发扬积极拼搏的精神，最后取得第三名。接着中国队又参加了第3届托尔托纳国际女足邀请赛，与德国、意大利、巴西、瑞士等国俱乐部一较高下，最后从欧洲大陆捧回冠军奖杯，为祖国争得了荣誉。同年12月，第6届亚洲女足锦标赛在香港揭幕，中国队首次参加亚锦赛便以进球23个、不失一球的战果登上冠军宝座，让世人刮目相看。

1987年，第6届全国运动会首次把女子足球列为正式比赛项目，女足运动挺身登上国内体坛的“大雅之堂”，各省、市再度掀起女足热潮。1988年1月，中国女足得到企业的资助，并开创了企业与国家级球队联合办队的新模式。同年 3 月，国家女足再次飞赴意大利参加梅迪利亚国际女足邀请赛，在参赛的 16 支队中勇搏群芳夺取冠军。6 月，国际足联授权中国在广州举办国际女足球赛，中国队夺得第四名。

(3)大力发展阶段(1989 年至今)。1989 年，中国女足在第 7 届亚洲女足锦标赛上，一路过关斩将，首次与世界劲旅、前亚洲冠军中国台北队交锋，战胜对手，捧得金杯，标志着中国女子足球队无可非议地站在了亚洲最前列。

1990 年 2 月，首次访问大陆的台湾铭传女子足球队赴广州参加希尔顿杯穗、京、台女足邀请赛，全运会冠军北京队以 4∶0 战胜中国台湾女甲联赛冠军铭传队。同年 11 月，亚奥理事会在北京第 11 届亚洲运动会上首次将女子足球列为亚运会项目，中国女足所向披靡夺得冠军。

1991 年 6 月，国家女足以绝对优势在第 8 届亚锦赛上蝉联冠军。同年，国际足联在中国广州首办世界女子足球锦标赛，中国女足令人惋惜地未能进入前四名，但中国为世界女足发展所做的贡献，以及中国女足在大赛上的良好表现，赢得了海内外的一片赞誉。1993 年第 7 届全国运动会开赛之前，国家体委决定恢复女子足球项目。1995 年在第 2 届世界女子足球锦标赛上，中国队不负众望晋身前三名。

1996 年，国际奥委会在第 26 届奥运会上首设女足项目。中国队所向披靡，一路过关斩将。但是遗憾的是在最终的决赛中负于美国女足，夺得亚军。尽管如此，她们也为中国女足的最好成绩带来了新的突破。同年，中国足协加大经费投入，经过大力发展，国内青年女足队伍达到 25 支，具有了一定的发展规模。

1997 年初，青岛正式挂牌成立以企业法人资格在工商部门登记注册的女子职业足球俱乐部。1997 年，在企业的赞助下开始创办女足超级联赛，并在比赛中实行主客场制。这表明中国女足运动已全面复苏，并步入良性发展的轨道。

1998 年在第 13 届亚运会上，中国女子足球队力克朝鲜队荣获冠军。1999 年 7 月，中国队在第 3 届世界女足锦标赛冠军争夺战中与美国队战成平局，因点球决胜告负而获亚军。这段时期是中国女足运动有史以来达到的最高峰。进入 21 世纪，由于各方面的原因，中国女足运动停滞不前甚至有了倒退的趋势，其发展前景任重而道远。

（四）现代足球运动的发展趋势

足球运动始终处于发展之中，这种发展与社会经济等多方面的发展有着很大的关系。从足球内外部角度出发，在足球技战术、足球产业、足球职业化和足球的全球化等方面都有着不同的、更加突出的发展趋势。

1. 足球运动技战术发展趋势

（1）现代足球运动技术发展趋势。

①球员技术越来越全面，以适应场上各个位置的需要。

②球员的技术动作速度越来越快，以便能跟上场上快速的攻防速度。

③球员的技术动作对抗性越来越强。以求能够在激烈的比赛竞争中保持动作不变形，并敢于做动作。

④球员技术动作运用的合理性。可以根据场上变幻莫测的具体情况，合理地运用技术动作。

（2）现代足球运动战术发展趋势。

①以往球员在场上司职的位置逐渐不再固定，相对增加了更多灵活性的内容，如前锋球员也要在第一时间参与防守；边后卫视战术布置可以参与更多的压上助攻等。

②场上球员可以没有明确分工，但必须形成整体，进退如潮，切不可单枪匹马。

③在场上的攻防双方，通过合理组合，最大限度地求得时空的主动权，以最后获得主动。

④场上的领导人物不可少，因为场上必胜信心的树立和战

术意识的实施，必须要有出类拔萃的人物指导，球星作用不可低估。

另外，还有一些发展趋势，如严密的快速整体攻守战术的兴起；攻守转换战术备受重视；定位球进攻战术日显威力等。

2. 足球运动产业化发展趋势

足球运动的产业化发展是由足球运动职业化推动起来的。足球比赛中，运动员高超的技艺及拼搏的精神倾倒了广大观众，在现代产业化理念的影响下，足球管理部门也相应地加强了服务质量、降低费用等经营理念，于是盈利的足球职业俱乐部便应运而生，这样足球运动产业化的时机也成熟了。现代足球产业化的发展趋势表现在以下几个方面。

(1)市场的开发。球赛的开发是足球产业的主业。球赛开发主要包括门票、比赛广告、电视转播权的出售以及赞助等。

①赞助：一般指赞助商通过获得赛事、球队等冠名权，提供给被赞助对象一定的实物、资金，以建立企业良好形象，赢得更大经济效益的行为，如日本丰田公司以每年100万美元，获得每年一度的欧洲与南美洲俱乐部冠军赛独家赞助权。如今，赞助已经成为了赛事组委会最主要的资金来源。

②广告：一般分为场地广告和电视广告，1986年第13届世界杯赛，每赛场竖两块广告牌收费为700万美元，而到了1994年第15届世界杯赛，这类广告收费达到1700万美元。

③门票：是俱乐部运营重要的一部分，如意大利的AC米兰队67%～70%的收入来源就是门票。

④电视转播权：电视转播权历来是商家争抢的焦点。高质量、高品位的足球赛事是提高电视台收视率的有效方法，正是由于这一诱惑力，使得英国的天空电视台于2001年用11亿英镑的天价买断了英超联赛的3年电视转播权。在中国，中国足球超级联赛也早已步入了出售电视转播权的可喜阶段。

(2)足球商品的买卖。足球商品主要包括标志产品、纪念品、训练赛场用品以及运动服装等。其中，标志产品和纪念品指俱乐部（球队）名称、会徽、重大比赛名称的标志物、吉祥物。例如，在韩日世界杯赛期间，韩国国家队队服卖出 15 万件以上，阿迪达斯公司生产的“飞火流星”足球销售近 15 万个。而像世界著名的曼联、阿森纳等队的队服每年的销量也很可观。

(3)资产经营与资本运营。资产经营方面：足球俱乐部的资产主要包括球员、教练员及经营人员，还有所在俱乐部的标志等无形资产。职业俱乐部购进的球员可以升值，也可贬值，这得取决于俱乐部对球员的开发和球队对球员的运用。例如，1984 年意大利的那不勒斯俱乐部，以 1000 万美元高价购进了球星马拉多纳，因此使该俱乐部名声大振，并且随着球队首获意甲联赛冠军，使门票收入、广告费、赞助费大增，据称俱乐部在马拉多纳效力期间，收入高达 1.89 亿美元。而西班牙皇家马德里俱乐部在 2003 年一举购进了包括齐达内、菲戈、贝克汉姆在内的世界足坛的顶级球星，他们更是为俱乐部赢得了巨大的商业价值。

资本运营方面：足球产业高度发达，资本的经营成为必不可少的重要盈利模式，一般涉及职业俱乐部实行股份制时的股票经营，以及足球彩票的经营等。足球发达国家意大利，每年有 1000多万人参加足球彩票竞猜，政府从中可得到 7.3 亿美元以上的收入，而足协可得到 2.3 亿美元以上的收入。

3. 足球运动职业化发展趋势

足球运动的职业化最初是以开展群众性体育活动为主的，这些职业俱乐部的主要目的不是盈利，而是通过必要的创收，以维持足球运动员的生计、训练和比赛，促使足球运动水平得到一定程度的提高。

随着时间的推移，1857 年，英国建立了世界上第一个业余足球俱乐部。而英格兰的谢菲尔星期三足球俱乐部在 1876 年从苏格兰购进职业球员詹姆斯·兰以充实自己球队的实力，这开创了职业足球的先河。1885 年，职业足球在英格兰合法化，这使得英格兰足球水平突飞猛进。由于职业化足球在英国的开展,使得英国足球队在 19 世纪末和 20 世纪初在世界范围内所向披靡。同时,也正是在这一时间,英国人把辉煌的足球伴随着工业革命传播到了世界每个角落。

20 世纪 30 年代,各国相继正式成立了职业足球俱乐部,于是有了今天如西班牙、德国、巴西、法国、意大利、阿根廷等足球强国。随着职业化足球在世界范围内不断扩展,1930 年,以不分职业与业余的世界杯赛为标志,职业足球终于得到了国际社会的肯定。为了顺应时代发展的需要,我国也于 1994 年,创立了中国足球职业联赛,中国足球运动的发展从此揭开了崭新的一页。时至今日,我国职业联赛 20 多年的发展已经涌现出了较为出色的职业队伍,足球文化也在我国的球迷中传承开来。

足球运动的职业化进程之所以获得较快而稳定的发展,归根结底是因为职业足球符合足球运动发展的基本规律,足球俱乐部的市场化经营,面对供需市场,将比赛的水平和观众的观赏程度结合在一起,这样不但为足球俱乐部创造了价值,而且还大大提高了足球运动水平,满足了大众日益增长的观赏足球比赛的需要。

4. 足球全球化发展趋势

足球运动发展到今天,给社会带来了众多的物质和精神财富。然而,它还需要全球化来促使其更加完善,以得到更大程度的发展。

现代足球运动给世界带来了世界杯、丰田杯以及洲际、各国职业比赛等,这些都促进了世界经济的发展;而职业联赛中各国足球职业俱乐部的教练员、球员之间的跨国转会,又给各国人民之间架设起了友谊的平台;由企业赞助足球联赛,通过足球比赛这个平台,进行资本输出,使企业获得经济利益的同时,也对足球运动的推广和普及起到了重要的作用;现如今,各国几乎都把英超、意甲、德甲、西甲、法甲等高水准的足球比赛作为足球彩票经营的平台。

发展到现在，足球运动已经成为国与国之间进行交往的重要手段，足球比赛可以促进国家之间的相互了解，加深各民族之间的相互理解，增进友谊、消除隔阂，缓和及协调国际关系，维护世界和平。

三、足球运动的特点

与其他运动竞赛相比，足球运动具有鲜明的特点，正是由于这些特点，才使得其受到人们的欢迎。具体而言，其特点主要表现在以下四方面。

（一）对抗较为激烈

足球运动是一项竞争激烈的对抗性项目。由于有身体的接触，因此使得足球运动发展到今天，更加注重对于在对抗中做出各种控球动作的要求，其对抗性得到了最大程度的展现。现代足球，比赛双方为争夺控球权，达到有效的进攻和防守的目的而展开短兵相接的争斗，最终取得比赛的胜利。要想取得比赛的胜利，双方必须要争夺控球权，以达到有效的进攻和防守的目的，如在防守时需要通过合理的冲撞断下对方带球、传球的路线；在进攻时要通过合理的身体接触卡位，获得有效的传球、射门机会。这是赢得比赛的基础。

一场高水平的比赛，双方因争夺和冲撞倒地次数可达200次以上，足见对抗之激烈。尤其是在两个罚球区附近的争夺更是异常凶猛，扣人心弦。

（二）注重攻防的整体性

现代足球技、战术水平不断提高，由此使得传统足球由一两名球星就能赢得比赛的战术已经过时，现在更加注重攻防的整体性。

在整场比赛中，全队要思想统一，行动一致，攻则全动，守则全防，整体参战的意识要强。只有形成整体的攻守，才可以取得比赛的主动权以及良好的比赛结果。足球场上，只有全队 11 人团结一心，球队才能取得好的成绩；而足球场外，工作团队只有全力协作和努力，才能更出色地完成任务。

（三）技战术具有多样性

足球运动是一项技术上多彩多姿、战术上变幻莫测、胜负结局难以预测的非周期性运动项目。在比赛中，足球运动员在运用技、战术时会受到对手直接的干扰、限制和抵抗，因此，对于技战术的运用往往根据临场中的实际情况灵活机动地发挥。此外，足球比赛的胜负除了受球队实力的影响外，还受其他诸多因素的制约，这导致比赛结果常常让人难以预料。

（四）比赛观赏性较强

现代足球比赛中，要想取得一场胜利是不容易的，足球比赛本身的难度非常大，首先表现在用脚控制球的技术难度较大；其次是技术动作多，战术复杂；再次是对抗激烈，对运动员和裁判员体能要求高。正因如此，对观看比赛的观众来说，足球运动具有极强的观赏性。

第二节　足球比赛与训练

一、足球比赛的要素分析

足球运动是以足球为中心开展的运动，在比赛过程中，队员的一举一动都围绕足球展开，如果离开了“球”，则足球比赛将无法开展。在足球比赛中，队员争夺的焦点是针对球门进行的。比赛最为重要的两方面是射门和阻止射门，双方的根本目的非常明确，即为争取射门得分，并取得胜利，而球门就是其进行攻击的目标。足球比赛是两队之间的竞争，不仅攻守转换频繁，而且竞争尤为激烈。

在足球比赛过程中，竞赛双方都需要寻求最佳的整体配合，力争在相互抗衡中占据主动。在赛场上，每个人都应根据队友和对手的变化而采取相应的应对措施。也只有在这充满对抗的竞争中，才能促使足球大师们尽情发挥聪明才智。

足球比赛有规定的场区限制，有沿袭多年、原则事项一般不轻易改动的竞赛规则，使比赛双方有章可循、有法可依。同时，足球比赛的停顿只有在球出界或裁判员鸣笛停止比赛时才会出现，这保证了比赛的流畅性和观赏性，使得运动员能够尽情发挥。

一般人们将足球比赛分为六大基本要素，即球、队友、对手、场地（空间）、方向（球门）和规则。这六个要素在足球比赛中相辅相成，相互制约，不可缺少。正是由于这些要素同时客观存在并相互制约，运动员在比赛场上才得以用创造性和即兴发挥来赋予足球运动无穷的魅力，使参与者和观赏者都能从这项运动中获得无与伦比的乐趣。

二、足球比赛基本要素与训练

足球比赛就是现代足球运动的表现形式，它的基本要素是教练员安排和进行足球训练的依据。足球训练的重要目的就是提高运动员的竞技能力，因此，其训练应遵从符合足球比赛实战条件这一基本原理，在训练方法中要尽可能地涵盖足球比赛各项基本要素，使得训练与比赛相一致。

提高足球技术训练必不可少的八个因素是球、队员（本方和对方队员)、盯人或射门目标、场地、规则、对抗、隐蔽性和准备活动。一定要在接近真正足球比赛氛围中练就和提高球员足球技战术的运用能力。执教过中国队的霍顿也在讲课中明确强调:“练习中必须要有对手、球门、队友”。

反思以往足球训练方式脱离比赛实践的情况,获得的启示是对符合真正足球比赛需要的训练方式基本要求上的细化。于是,典型的足球行动成为每堂课的主要内容,只有通过这一途径,球员才能逐渐习惯面对并解决足球比赛中存在的各种问题,才能学会在真正比赛中识别这些比赛局面。

看似简单的道理中实际蕴涵着足球运动的精华,如果相应的训练活动离开了足球比赛的各要素,就会使得训练缺乏氛围,达不到应有的效果。

三、足球训练的开展

足球比赛基本要素与训练的结合就是要真正体现出训练的根本目的。要想取得良好的训练效果,训练必须与比赛的基本情况相一致。训练过程中,应最大限度地包括比赛过程中的各因素。

尤其是在青少年的平时足球训练中,单个技术动作的重复练习、无对抗无训练激情的各种技战术练习方法、无球无明确目的的一般身体练习等不符合现代足球运动需要的训练内容仍然较多。认识与确立符合足球实战需要的训练理念是切合我国当前足球训练实际的。

在缺少足球比赛基本要素的技术训练中,球员们往往只是被动地接受教练员的指令,在没有相互争夺对抗的环境中,机械性地重复练习着那些基本技术动作。由于球员失去了足球比赛中时刻受到制约的氛围,他们完全可以不去思考与琢磨,更难以快速分析与抉择。真正到了实际比赛中,在受到对手制约时,所练习的“效果”则消失殆尽。因此,训练必须紧密结合比赛实战是现代足球训练中首先应该解决的问题。训练内容和方式正确与否应该是中国足球训练管理部门最需要关注的。

很多球队都出现“练是一回事,打起比赛来又是一回事”的战术训练效果。反而对属于一般规律的基本战术原则方面的训练却没有纪律要求或无训练方法,在比赛中很少出现机动灵活、随机应变的场面。

固定模式的战术练习还有一个明显的弊病,就是忽略了攻守转换这一重要时刻的战术练习内容。在一些自认为含有较多比赛基本要素的练习中也时常容易出现违背足球比赛要求的行动,往往使球员在不知不觉中养成了坏习惯。

我国青少年足球训练的内容多为基础性内容,且直至成年的各年龄段训练内容也是大同小异,这些将足球比赛场上显露出来的内容分解开来的练习内容,虽然不能说练的不是足球,但与球员在比赛场上实际运用的操作之间存在着较大的差距。这种状况下,练习比赛和正式比赛成为球员提高实际战术水平的最佳方式,但由于缺少多次重复的练习作用,想通过这些有限的比赛来提高技战术水平,实属困难。

足球水平的提高不仅仅只是训练时间上的积累,重要的前提是要练得对。如果思路和方法不对,则训练就等于在做无用功。如果我们的训练能够遵从足球先进国家对足球运动规律的认识,在弄清楚练得是否正确的基础上再去强调多练苦练,才真正有意义。

总之,在训练时,首先应理解足球比赛的基本要素,这是教练员进行训练的前提。教练员应认识到把足球比赛基本要素全部体现在训练中的重要含义。在训练方法上要尽可能地涵盖足球比赛的这些基本要素,才会与未来真正比赛的需求达到完美的一致,使训练与实战真正结合在一起。

第三节　现代足球训练的发展现状

一、我国足球训练的不足

（一）片面注重体能训练

我国足球运动员在训练过程中，片面注重体能的训练。足球运动的选材在客观上对运动员有着特殊的要求，因此，在选材中不能只强调球员的身材、奔跑能力和对抗能力，而应根据足球运动的特点和对运动员的具体素质要求来进行选择。注意选材要遵循准确性和科学性原则，同时还要重视运动员的足球意识、协调性、观察力等特质的培养，并通过运动员的这些特质进行挑选。

（二）训练内容较为单一

由于我国足球运动员的体能素质不高，教师为了快速提高运动员的比赛能力，大多都将足球训练内容变成体能训练内容，训练中只重视眼前比赛利益，而不懂得遵循足球运动的发展规律和足球运动员的自身生长发育规律。这种训练内容单一、片面的情况造成我国足球运动员的技战术能力的缺失，并忽视了对足球的基本形式和原则等内容的掌握，不利于足球运动员的个人素质发展和足球运动训练水平的提升。

（三）运动员假龄现象严重

在足球比赛中，很多足球参赛队为了在比赛中取胜，弄虚作假，谎报年龄，以大打小。这就导致一部分运动员失去了原本应有的比赛资格;而另一部分运动员过早地参与体能训练,不重视技战术及心理素质能力的培养,不利于足球运动员个性特征的充分发挥。

(四)现代足球理论研究落后

目前,我国足球训练的理论研究还处于初级阶段,据调查显示,在北京体育大学足球专业的 60 篇硕士论文中,研究技术分析与技术教学的共计 13 篇,研究足球选材的共计 2 篇,研究发展与对策的共计 14 篇,研究赛制与职业化的共计 6 篇,研究竞赛特点与规律的共计 9 篇,足球生理学方面的研究共计 12 篇,足球心理学方面的研究共计 4 篇。

因此,我国的足球教练员对于专项训练的研究还比较落后,对足球运动理论还缺乏系统的研究,这就无法为足球运动训练实践提供科学的指导。

(五)以应对比赛为主进行训练,忽略了球队长期的持续发展

首先,由于不同的运动员一年的训练成果差距很大,加上教练员对球员在重大比赛中的成绩过于重视,所以在我国各梯队足球运动员中,各年龄段中小一岁的运动员较少,使我国培养足球运动员存在着短期行为,在对应年份的比赛中,可选球员少,造成足球后备人才资源的浪费。

其次,我国对影响足球运动发展的各因素及其之间的关系认识不清,有时只是简单引进国外先进球队的训练方法,生搬硬套,缺乏自我认识,从而忽视了自身的发展方向。在足球训练中,训练的方式和方法比较盲目,这段时间认为体能重要就立刻强化球员的体能训练,过段时间认为技术重要就猛抓技术训练,再过段时间认为作风重要就只强调整顿球队的作风,等等。这样常常会顾此失彼,得不偿失,很难形成球队自身的风格和特点。

最后，在我国足球训练中，教练员吸收先进足球理念的能力不足。虽然每年我国都会请很多国外优秀的足球教练来国内执教和交流经验、举办教练员培训班、组织各种经验交流活动。但迄今为止，我国的足球发展并不理想。我国教练员的知识积累不够，对理论知识的理解能力差是重要原因。教练员对现代足球理念的理解不到位，将严重阻碍足球训练的健康和科学发展。

（六）片面认识足球意识

现代足球理念认为，足球技术是足球比赛中的一种重要手段，足球技术是靠机体肌肉的运动来完成的，而机体的每项运动都受大脑的支配，可以说，机体是足球意识的遵从行为，足球意识是足球运动最重要的因素。所以，教练员应十分重视运动员足球意识的培养。

但是，在足球训练实践中，很多教练员在训练中无法真正做到以培养运动员的足球意识为前提，仍然将运动员的体能训练作为足球运动训练的根本内容。这就导致很多球员缺乏良好的足球意识，而只是单纯熟练足球技术，却不能在实际足球比赛中胜人一筹，也就无法取得好的比赛成绩。

二、中外足球训练比较

（一）理论指导实践进行科学训练的比较

随着世界足球水平的发展，对技战术、身体素质的要求越来越高，训练越来越细致入微，分工越来越明确，从而进行系统的有针对性的训练非常必要。

欧美足球先进国家非常重视专业理论知识的重要性，他们用理论指导实践，使理论与实践相结合，以便更快地用先进的战术思想指导训练。因此，从青少年开始，欧美强国就注重培养队员的战术意识，通过训练和比赛培养队员解决难题的能力，不断提高队员的理论知识。此外，欧美强国职业俱乐部都配有科研教练员和保健大夫，通过先进科学的手段对运动训练的强度、密度、运动量及运动员受伤的程度、能否参赛训练和比赛等进行监控和指导，为主教练提供科学的训练依据。

由于我国多数教练员是运动员出身，自小踢球，文化水平、专业理论知识和基础知识水平较差。在训练中主要凭自己的经验安排训练，因此对自己的再学习能力与球员的理论教育，尤其是现代先进的训练理论认识较差，这必然导致无法以理论指导实践的弊病。所以，运动员的理论知识和理论联系实践的能力都很差。因此，实战中在配合的细节上总是出问题，并且难以发现原因，因此水平提高很难。另外，我国大部分职业队都没有配备科研教练员、医务监督大夫，也没有运用科学仪器对运动员的训练量、机能和伤病进行监测的手段。结果会导致运动员伤病发现不及时而加重，甚至因此结束了运动寿命，给运动员和国家造成了极大的损失。总之，由于理论知识缺乏，加上各种主客观原因，中国足球难以实现系统的有针对性的训练。

（二）技战术风格比较

为了改变法国足球处于中游地位的现状，法国足协采取了一系列的措施，包括详细研究世界足球的发展趋势和本国足球的具体情况，对南美的足球技战术风格进行定位学习，并且全面而深刻地了解欧洲运动员的身体训练特点等，最终确定了发展方向，形成了统一的足球技战术风格，法国足球的水平也得到提高，跻身为世界强队。在欧美足球强国，不管是青少年儿童的足球训练还是高水平的成年队，都有各自统一的技战术风格。欧美足球强国的风格不同，但是它们之间也相互影响。

（三）联赛与选拔机制的比较

欧美足球强国的国家足协和省足协、青少年足协、学校足协和培训中心，每年都固定组织各种不同级别的足球联赛和杯赛。为了保证训练的质量，各国都严格规定了全年比赛的场次。这样不仅提高了技战术和实战能力，也保证了运动员的学习和身心健康，而且通过联赛的层层选拔，将不同年龄段中优秀的运动员选拔到各级俱乐部的培训中心和职业队中，因此欧美国家足球后备力量相当充足，基础雄厚，为选拔培养优秀运动员形成了健全的机制。

在我国，国家队以及中超、中甲联赛是中国足协工作的重点。除此之外，其他固定的联赛与杯赛，尤其是青少年同年龄段的联赛非常少，从而严重地影响了青少年实战能力的培养，同时也影响了他们训练的积极性和训练质量。没有形成不同年龄段的层层选拔和培养机制，这严重地影响了国内足球运动员的选拔与培养，使许多有发展前途的运动员流失。

（四）足球训练大纲比较

欧美足球强国对各年龄段青少年的训练非常重视，因此制定的训练大纲非常科学、详细和统一。按照训练大纲，欧美国家足球运动员 16 岁前主要进行足球的技战术、身体素质及心理方面的训练，在掌握了全面、系统、扎实的技战术的基础上，17 岁后专心地提高集体战术与身体训练水平。由于技术基础扎实，成材快、水平高，所以到了成年队后，能够灵活自如、高水平地完成各种技术动作，能够很快地适应高速度、强对抗情况下的欧洲顶级联赛，从而能够不断提高自身足球水平，成为世界级球星并带领球队取得优异的成绩。

中国的各级俱乐部、足球学校及中小学足球队的青少年训练，都没有统一的训练大纲。因为许多地方受“唯成绩论”的影响，以大打小、弄虚做假的问题非常严重。所以，各年龄段的青少年训练不规范，技战术训练不系统，基础不扎实，对抗能力很差。因而到了成年队，甚至到了国家队后，还要进行技术训练，严重制约了中国足球水平的提高。

（五）足球发展模式比较

“金字塔”型的足球发展模式是足球人才培养的科学模式。通过对青少年的重视与发展，为成年队输送了大量的后备力量，再加上欧美国家各级足协对青少年足球的发展职责分工明确，组织计划严密，往往能够取得较为理想的训练效果。欧美足球强国严格遵循“金字塔”型的足球发展模式是其足球运动水平不断提高的重要保证。

我国足球协会对青少年足球发展不够重视，尤其是广大中小学的足球运动，基本上处在无统一管理的自发状态下。除此之外，我国的足球学校在组织管理上存在一定的问题，阻碍了优秀足球队员的培养与输送，在很大程度上浪费了大批优秀人才。由此可以看出，我国当前还没有真正形成“金字塔”型的发展模式，这影响了我国足球运动的发展和提高。

（六）足球训练方法比较

积极对抗的训练方法不仅能够使队员对于激烈的比赛有一定的适应性，而且还能够使他们一直都保持进攻的积极状态，这样能够在气势和心理方面给对手造成一定的压力。

欧美的足球先进国家，青少年从 12 岁开始就以对抗训练为主，这就为以后进入成年队的训练奠定了坚实的基础，因此，也就达到了赛练一致的目的。这种以突出对抗为主要特点的训练方法在优秀的足球强队中运用得更为广泛。

我国的训练理念较为落后，尤其对于青少年，通常进行的都是以非对抗为主的训练内容和训练方法、手段，这与实际的比赛需要是不符的。而在成年队中，足球运动员的高速度、高强度的激烈对抗也是不多见的，这种脱离实际需要的训练方法不可能取得理想的训练效果，更不可能与欧美的足球强国进行抗衡。

(七)身体训练方面比较

只有运动员的身体有了一定的准备,才能够保证球员的体能适应比赛高强度的需要。因此,应该在身体训练过程中,合理运用运动负荷来达到这一目的。另外,没有超量恢复就没有身体素质的提高。因此,应该通过突进性强度变化,激发运动员的潜能,从而使运动员的身体训练水平有一定程度的提高,也为适应比赛的强度奠定坚实的基础。

欧美足球强国用于准备期或青少年打基础时的身体训练主要是长跑、越野跑、变速跑等耐力训练。身体训练水平随着年龄和训练水平的提高在不断提高。

目前,我国绝大部分职业足球队几乎都是通过采用越野跑、12 分钟跑、长跑、重复跑、变速跑等方法来进行体能训练的,这对提高身体素质的基础是非常重要的,但仅靠这些还不能满足足球比赛对运动员身体素质和运动能力的需求。因此,虽然经过长时间的高强度训练,也未能取得理想的效果。如果和欧美足球强国进行比赛,则往往会表现出体力不支,尤其是连续冲刺与对抗的能力不及欧美运动员。

三、我国足球训练发展的策略

(一)现代足球发展规划的实施理念与实践特征

1. 现代足球发展规划的实施理念

20 世纪末,中国足协提出,为了促进我国足球运动的水平,应广泛开展青少年足球运动,并将培养大量的优秀后备人才作为国家足球战略的重点。足球运动水平的提高,需要青少年具有综合的能力,包括良好的身体素质、扎实的技战术功底以及较高的文化素养。为了促进青少年人才队伍的培养，应广泛开展足球运动，并形成良好的竞争机制，以此推动高水平后备人才的培养。其后，为了促进足球运动更加普及，全国各中小学普遍开展了足球运动，并建立了相应的足球训练营体制，对青少年运动员进行系统的训练，积极加速培养我国足球的后备人才。

2. 现代足球发展规划的实践特征

(1)注重人才梯队的建设。培养一个优秀的足球运动员需要长期的过程，而在我国的足球培养模式中，国家只注重国字号队伍的建设，忽视运动员的前期发展，因此获得的社会效益和经济效益甚微，具有明显的滞后性。

因此，现代足球战略性部署要求国家和足球俱乐部不能只注重眼前的比赛利益，而应在长期训练过程中持续给予足球运动员最大的支持和帮助，并应重视足球队伍的长期建设。

(2)促进比赛体系的不断完善。现阶段我国的足球比赛体系还很不健全，尤其体现在青少年足球队的比赛体系上，目前，我国青少年足球运动员的比赛过少，主要集中在冬训中的赛会制比赛上。因此，在现代足球运动的发展规划中，应重视增加一些青少年运动员参加足球比赛的机会，健全足球赛会制度，完善比赛体系，为足球运动员的长期发展创造更多的机会，并积极督促足球运动员在实际比赛中自身运动能力和应变能力的提高。

(3)重点突出，全面发展。目前，我国足球运动发展的重点主要集中在几个比较大的城市，在全国范围内进行青少年足球的发展规划十分有限，缺少足够的时间和精力，这使得足球运动的发展缺乏广泛的群体基础。此外，在很多学校，一些体育教师由于综合素质所限，并不具备教授学生进行足球训练的资格，所以，新实施的亚洲足球展望计划也只能使部分高校的学生获益。

现代足球理念强调足球运动员的培养是一个长期性的过程，近年来，我国在培养青少年足球运动员工作中也做出了很多的努力，热爱足球运动的人逐渐增多，并从中受益匪浅。由此，足球运动的普及也进入了一个崭新的阶段，并将持续、健康地朝着多元化方向发展下去。

（二）现代足球战略观念和训练理念的结合

现代足球战略性的发展理念应该做到战略观念与训练理念的充分结合。

首先，足球训练理念是否准确和科学，直接决定着足球的发展模式、发展水平和发展方向，所以，必须从根本上改变我国足球训练的落后理念，在充分重视足球运动员体能发展的同时，更要重视他们心理素质的提高，积极促进他们对足球运动技术的灵活性掌握和比赛应变能力的有效提升。

其次，现代足球训练理念对足球运动的实践具有积极的指导性作用，它是足球运动训练实践正常进行的基础和保证。学者们普遍认为，我国足球运动训练及比赛成绩的落后在很大程度上是由训练指导理念的不规范和不系统造成的。因此，足球运动想要获得不断发展和创新，就必须构建先进的足球训练理念，只有这样，才能为我国的足球事业培养更多的后备人才，才能真正从根本上改变我国足球运动水平落后的局面。

（三）现代足球训练理念的完善

1. 根据球员特点进行针对性训练

在足球训练中，运动员有其自身的生理特点和心理特点，因此安排训练内容和训练强度要有针对性，选择合理的方式方法，确保足球运动员的训练符合其成长过程，使其从初学者到顶级运动员的过程能够实现良性发展。

2. 训练指导与球员的发展需求同步

在足球训练中，教练员想要做到训练指导与球员的发展需求相适应，就必须用批判的观点审视足球运动训练的组织设计和计划安排。教练员应时刻考虑足球训练过程还需要改进什么才能更好地适应运动员的长期发展。与此同时，教练员必须提高自己的执教能力和水平，包括观察能力、教育能力、组织能力、辅导能力、训练能力、示范能力及自我提高能力等。

3. 让球员在训练中享受足球

在足球训练中，让球员学会享受“踢球”的乐趣，有助于足球运动员的健康成长，根据青少年的特点，在足球训练中应该积极引导他们将足球运动看作是一种游戏去体验和享受，增加踢球的兴趣，让他们能够在轻松的氛围中发现和感受足球的魅力，为其终身参与足球运动打下基础。

4. 结合足球发展趋势训练球员

足球是一项集体运动，受多种因素的影响，所以在进行足球训练时应考虑全面、计划周详。只有真正掌握了比赛所需的各种基本运动技巧和技能，运动员才能在赛场上获得好成绩，才能实现自身的不断发展。

首先，要重视足球运动员体能素质的训练。现代足球竞争激烈，球员在赛场上的运动量和运动强度都很大，所以对球员的体能素质是个很大的考验。

其次，要注重运动员的全面运动能力的提高。现代足球比赛，更加重视队友之间的默契配合，这就必然要求足球运动员具备全面的足球技巧，能在赛场上灵活地处理各种复杂多变的情况。

最后，要加强运动员心理素质训练。它是足球训练课中重要的组成部分，因为良好的心理素质在对抗双方实力水平相当的情况下，显得尤为重要。只有具备了良好的心理素质，才能在赛场上掌握主动，最终赢得比赛。

第二章 现代足球训练理念

当前，足球运动已经得到了非常迅猛发展，与此同时，足球训练理念也有所完善。总的来说，足球训练理念的确定对于足球运动的进一步发展起到积极的促进作用。具体来说，男子和女子的足球训练理念存在着一定的差异性。本章将分别对它们进行深入地分析和阐述。

第一节 现代男子足球训练理念

现代男子足球训练理念已经较为完善，并且为男子足球运动的发展提供了科学的理论支持，因此，对其进行分析和研究是非常重要且必要的。

一、男子身心发展特点与足球训练

男子身心发展特点在青少年时期得到的体现是较为显著的。这里就以青少年时期为例来对男子身心发展的特点进行分析，同时，对足球训练对身心发展的要求进行研究。

(一)男子生理特点分析及足球训练要求

1. 男子身高与体重生长的发育特点及足球训练要求

处于青少年时期的男子足球运动员,其身体生长发育较快,所以这一时期的训练过程同时也是其身体生长发育的过程。因此,这就要求教练员在训练过程中要注意把握每位运动员单独个体的特殊性,同时还要对运动员的生理、心理特点的共性进行充分的了解和认识。这样才能使足球训练目标的制定、训练负荷安排的科学性和合理性得到保证,从而使之与运动员的正常成长规律相符合。

(1)男子身高和体重发育特点。根据人类行为学的研究,一般将男子的成长过程分为:胎儿期(从受孕到出生);婴儿期(0~2 岁);幼儿期(3~6 岁);儿童期(7~11 岁);青春期(12~19 岁);成年期(包括成年早期、中年期和老年期)。

以解剖学专家理查德绘制的人体生长发育曲线图(图 2-1)为主要依据,可以看出人的生长发育曲线是呈 S 形的,这就将青少年男子的体重、心肺功能、骨骼、消化系统等指标的变化充分反映了出来。

通常情况下,在 10 岁之前男女在身高与体重方面的增长速度基本上是一致的。10 岁以后女子身高体重进入快速增长期,而在 13 岁左右时男子则进入快速增长期。男子的平均身高在 14 岁时普遍高于女子的身高,通常来说,女子在生理期过后,身高增长一般不会超过 5 厘米,而男子身高生长可以持续到 20 岁。从图 2-2 中可以看出青少年时期男子和女子的身高增长情况对比。

淋巴系统
180
160
140
120
100
80
60
40
20
头和大脑
一般身体发育水平
再生能力
2
4
6
8
10
12
14
16
18
20

图 2-1

(%)
25
20
15
5
0
减速增长
增长的最高期
女子
男子
加速增长
减速增长
结束增长
开始快速增长期
1 2 3 4 5 6 7 8 9 10 11 12 13 14 15 16 17 18 19
(岁)

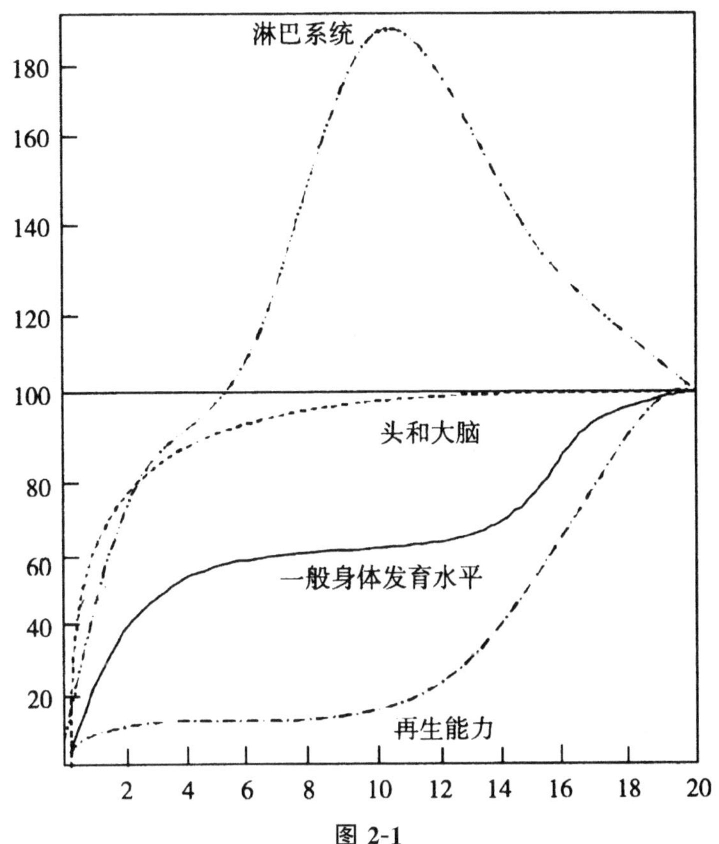

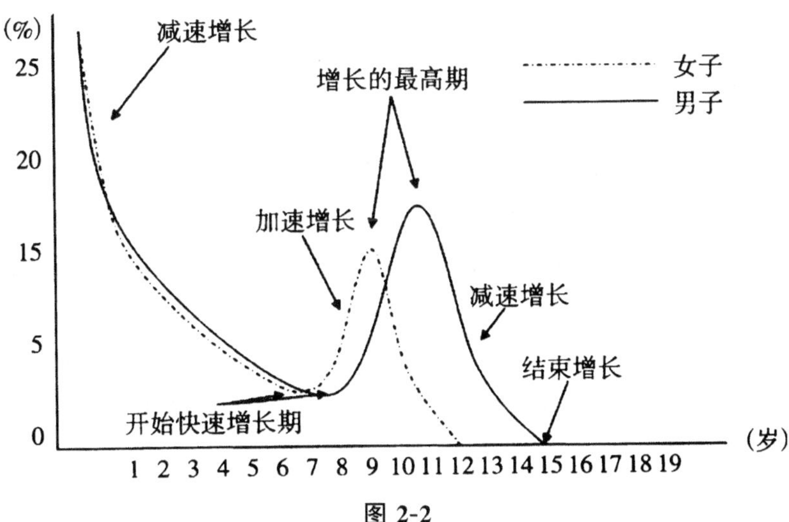

图 2-2

从图 2-3 中，则可以对青少年男子和女子的体重增长情况有一定的了解和认识。

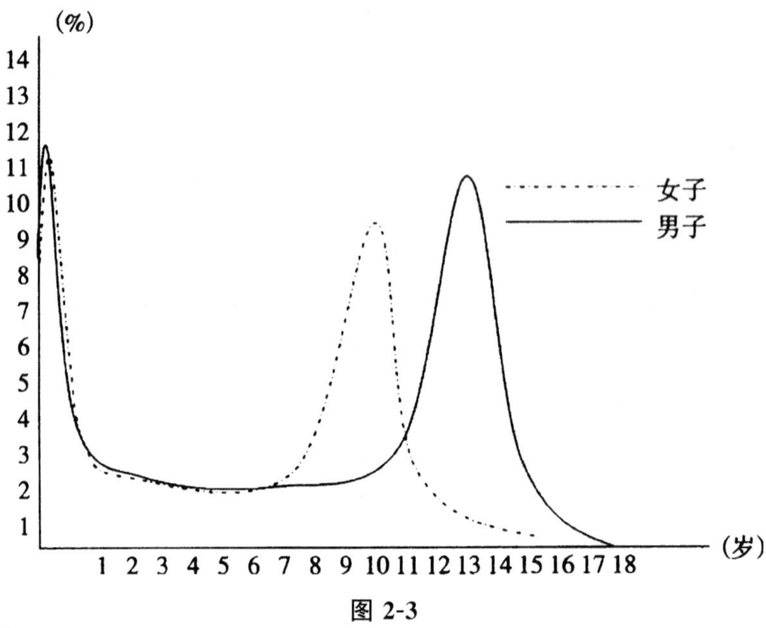

图 2-3

青少年男子的身高增长曲线为教练员合理安排训练提供了重要的信息和参考依据，其中身高和体重两者的关系则是作为最重要的直接指标对训练安排产生影响。例如，一名 10 岁青少年男子足球队员的身高进入了快速增长期，达到生长曲线的 25％时，体重则达到了生长曲线的 75％。以这种发展趋势为依据，可以将该男子在其成年人时身高推算出来，即可达到 173 厘米，体重将达到 80 千克。在这样情况下，教练员首先要要对身高增长幅度的原因进行充分的考虑，在训练中要将合理的训练方法制定出来，从而使训练内容与负荷安排与运动员的生长发育曲线保持一致。另外，教练员还应以优秀运动员的身体形态特征为主要依据，来对运动量与运动负荷进行合理的安排，从而对他们的身高发育起到积极的促进作用，并控制他们的体重变化，从而使青少年运动员的身体发展达到理想的水平。

(2)男子足球运动员训练要求。教练员是运动员进行训练的重要指导，因此，要求其应具备丰富的理论知识和高水平的实践能力，使犯错误得到尽可能的避免。究其原因，主要是由于微小的错误都可能对青少年男子今后的成长和提高造成很大影响。处于发育期的男子，其心理方面往往会比较敏感和脆弱，这就要求教练员在训练过程中要注意保护他们的自尊心不受伤害。除此之外，还要求教练员应不断给予其鼓励和肯定，从而使他们负面心理的产生得到有效避免。

2. 男子骨骼和肌肉生长的发育特点及训练要求

(1)男子的骨骼发育特点　。骨骼系统有着非常重要的作用，主要表现为保护脏器、造血以及提高人体免疫力。骨骼系统的几个主要部位停止发育的时间都比较晚。此外，处于青少年时期的男子的骨骼生长还受性激素影响。在青少年时期，性早熟的男子，身高生长停滞较早；性成熟较晚的男子，其身高生长会比较迟。因此，掌握青少年时期男子的骨骼发育情况，对于他们骨骼的正常发育，良好体态的保持，以及畸形的避免都会起到积极的促进作用。

① 骨骼的组成成分。随着年龄的增长，骨的成分也会发生一定的变化，主要表现为：无机盐增多，水分减少，坚固性增强，韧性降低。到20～25岁骨化完成后，骨不再生长，身高也不再增长，但是，骨的内部构造仍然在发生着变化。通常情况下，下肢骨在16～17岁以后钙化的速度会加快。下肢骨的生长是身高快速增长的主要因素，因此往往将其作为主要指标来对青少年时期的男子足球运动员身高发育进行预测和判断。

除此之外，从骨的成分来看，处于生长发育阶段的男子，其骨骼中软骨成分较多，骨组织内的水分和有机物质(骨胶原)多，无机盐少，骨密质较差，因此，这一时期他们的骨富于弹性而坚固性不足。这些特点致使少年的骨骼硬度小、韧性大，故很容易发生弯曲与变形。因此，在进行足球训练时，一定要以他们的骨骼特点为依据进行合理的安排。

② 关节面软骨。一般情况下，青少年时期的男子的关节活动范围相对较大，但是其牢固性则相对较差；而到了成年，男子的关节活动范围就会变小，牢固性会变好。由于儿童时期男子的关节面软骨相对较厚，关节囊、韧带的伸展性大，关节周围的肌肉细长，在外力作用下很容易发生脱位。因此，这就要求在足球训练过程中，对这一生长发育特点进行充分的考虑。

③ 男子足球运动员训练要求。以男子骨骼的生长发育特点为主要依据，在足球训练中要做到以下几个方面的要求。

第一，对训练负荷进行合理安排。适宜的运动负荷对于促进骨的生长会起到积极的帮助作用，但是需要注意的是，负荷强度和负荷量过大，会使骨化提前，对身高产生影响。因此，在男子的青少年儿童生长高峰期，采用的训练方式往往是轻负荷、高频率的。

第二，训练过程中养成正确的身体姿势。在进行训练时要使一侧肢体或局部用力过多的情况得到避免，从而使青少年时期男子运动员的脊柱弯曲、肢体变形的情况得到有效避免。

第三，男子的柔韧素质应在儿童时期关节活动范围较大时进行发展。除此之外，还要对关节坚固性的发展引起重视，从而使关节损伤的发生得到有效避免。

(2)男子肌肉发育特点及训练要求。

① 肌肉类型与发育特点。从生理学方面来看，往往可以将人体骨骼肌的类型分为三种，即慢缩红肌、快缩红肌与快缩白肌。从相关的研究中可以看出，骨骼肌的组成与训练有一定关系，可以说，足球训练会对身体不同部位骨骼肌组成类型的比例产生不同程度的影响。足球运动员骨骼肌力量与类型是遗传、生长发育，以及由儿童到成人时期的足球训练共同作用和影响的结果。通过对儿童与成人骨骼肌的研究可以发现，成人与儿童肌纤维类型的变化并不明显，而随着年龄的增长，儿童少年的肌纤维横截面积会不断增加。

处于发育时期的男子足球运动员，其肌肉中水分多，蛋白

况往往会出现;最后,处于青少年时期的足球运动员,其大脑皮质神经细胞工作能力较低,疲劳是比较容易发生的,但神经过程的灵活性高。

② 男子足球运动员训练要求。以男子的神经系统特点为依据,在足球训练中要做到以下几个方面的要求。

第一,足球训练课的内容应具有生动、多样化特点,以使训练的趣味性得到提升,避免单调。

第二,在足球训练的教学方法上要采用多种方法综合运用的方式,从而达到最佳的教学效果。

第三,教练员要对足球运动员的休息进行合理的安排,从而使运动员保持情绪饱满、精力旺盛、不易疲劳的良好状态。

第四,男子足球运动员随着年龄增长,其抽象思维能力也会得到不断提高,因此,这就要求对其第二信号系统的训练要加强,同时还要培养其独立思考的能力。

(二)男子心理特点分析及足球训练要求

1. 男子认知与学习行为发展特点及足球训练要求。

(1)男子认知发展特点。① 男子感知觉的发展特点

男子的感知觉发展特点主要从以下几个方面得到体现。

第一,感觉的发展。通过学习活动,处于青少年时期的男子在言语听觉、视觉和辨别音调的能力等方面已经逐步接近成年人水平。

第二,知觉的发展。处于青少年时期的男子通过学习各种课程和参加各种课外活动,其空间知觉和时间知觉也会获得一定程度的发展。

② 男子注意力的发展特点。男子注意的发展特点,主要从以下几个方面得到体现。

第一,随着年龄的不断增长,男子注意的稳定性不断增强,并逐渐趋于稳定。注意的稳定性是指注意持续时间的长短。

第二,男子的注意分配能力逐渐提高。在同一时间内将注意分配到两种或两种以上的对象或活动上,这就是所谓的注意的分配。随着其年龄的增长,男子注意分配的能力也获得逐步提升。

第三,男子的注意范围逐渐扩大。同一时间内所能知觉到的对象的数量,就是所谓的注意的范围。随着年龄的增长,男子的注意范围也会逐渐扩大。

第四,注意的转移能力逐渐增强。有目的地将注意从一个对象及时转移到另一个对象上,这就是所谓的注意的转移。男子的转移能力也会随着年龄的增长而逐渐增强。

(2)男子的学习行为特点。学习行为主要包括两个方面,一个是激发并维持学习活动达到学习目标的动因和力量,即学习动机;一个是个体对某一对象所持的评价和行为倾向,即学习态度。男子足球运动员的学习态度主要包括以下两个方面。

第一,对教练员的态度。教练员对运动员的态度,会对运动员学习态度产生较大的影响,因此,这就要求教练员必须具备知识丰富、兴趣广泛、关心学生、授课生动、公正严明等基本条件,以获得运动员的尊敬和信任,这对于运动员良好学习态度的养成与发展是较为有利的。

第二,对球队的态度。足球运动员参加训练,对于其正确地看待自己、树立正确的价值观以及获得情绪上的安全感,从而提高自身的社交能力都是较为有利的。同时,训练过程中教练员还应为运动员提供一个平等的教育环境。

(3)男子足球运动员训练要求。根据上述分析,在青少年足球训练过程中,教练员应该做到以下几个方面的要求。

① 教练员对足球运动员的认知发展特点要引起重视。在训练过程中注意平衡基本理论讲解与直观示范之间的关系。并要以男子的注意力特点为依据,对其较高的学习动机进行培养,同时,保证训练的内容应具有多样化的特点。

② 教练员要对足球运动员的学习特点进行较好的把握。

教练员要注意培养和维护自己的良好形象，从而真正能够成为学生喜爱的学习榜样，并要为青少年进行足球训练提供公正平等的训练气氛。

2. 男子情绪与社会性发展特点及足球训练要求

(1)男子情绪发展特点。男子的情绪发展特点主要从以下两个方面得到体现。

① 情绪发展的两极性。情绪的内容、强度、概括性、稳定性以及深刻性等方面具有两极性，这都体现出了情绪发展的两极性。比较具有代表性的有内向性和表现性共存，可变性和固执性共存等。

② 反抗情绪。通常来说，情绪发展的两极性往往会导致其出现反抗情绪。反抗情绪主要从以下几个方面得到体现：第一，心理性断乳受到阻碍；第二，人格展示受到阻碍；第三，自主性被忽视；第四，被迫接受某些观点。

由此可以看出，对于足球运动员来说，这一阶段的情绪发展会在很大程度上影响着足球训练，这就要求父母或教练员要以其生理、心理发展规律为主要依据，掌握他们情绪发展的特点，注重引导，采取民主教育的方式，支持和尊重他们的合理意见和要求等。在充分了解他们的情绪发展特点的基础上，与其进行平等交流，这样反抗情绪就不容易出现了。

(2)男子社会性的发展特点。

①自我意识的发展特点。自我体验、自我控制与自我评价是构成自我意识的三个重要因素。

A. 自我体验。自我体验的发展，主要从以下三个方面得到体现。

首先，成人感。成人感是足球运动员自我意识发展中显著的自我体验。处于青少年时期的他们感到自己已经长大成人，渴望参与成人角色，要求独立和获得尊重。除此之外，他们还希望与父母、教练员建立一种朋友式的新型关系。

其次，自尊感。自尊感是社会评价与个人自尊需要之间相互关系的反映。自尊感也是进入青少年阶段的足球运动员常出现的一种自我意识发展的主要表现。

再次，自卑感。青少年自我意识发展中也往往会出现自卑感的心理。自卑感是一种轻视自己、不相信自己，对自己持否定态度的自我体验，当他们通过与同伴比较发现自己不如同伴时往往很容易产生自卑感。

B. 自我控制。自我控制的发展是建立在自我评价和自我体验的发展基础之上的。在自我控制的发展方面，青少年足球运动员主要表现为自我控制方式逐步从外部控制转向内部控制，从而能够主动地掌握自己的心理变化这一特点。在这一发展过程中，他们已经能够根据社会标准、社会要求、社会期望以及社会条件的必要性和可能性，来确定自我理想和判断现实自我。

C. 自我评价。足球运动员的自我评价的发展主要从自我评价的内容有所丰富，自我评价的自觉性、主动性与独立性有所提高等方面得到体现。自我评价包括的内容有很多，不仅包括对仪表风度的评价，还包括对性格、素质和品德等方面的评价；自我评价的途径会有所增加。足球运动员要对同伴的评价引起重视，而不仅仅是通过别人的评价来认识自己。

② 社会性交往的发展特点。

A. 与教练员、同伴的交往。从与教练员交往的角度来看，足球运动员对教练员往往会产生反抗行为。从与同伴的交往来看，足球运动员具有独立自主、积极主动、乐观向上的交友心态。但其与同伴之间的交往往往会受到一定的影响，影响因素主要有自身个性因素和集体因素两个方面。

B. 与父母的交往。由于处于青少年时期的足球运动员自我意识的觉醒，他们需要显示独立自我。为此，他们既要显示独立性，但是，又不能完全摆脱对父母的依赖而完全独立。因此，与父母的交往成为他们社会性交往的重要内容。

（3）男子足球运动员训练要求。在足球训练中，教练员应做到以下几个方面的要求。

第一，教练员要对足球运动员认知发展的特点引起重视。在青少年时期，抽象思维的能力已经形成，有意记忆已经占支配地位。因此，在足球训练过程中，教练员可以使用大量的专业术语来讲解和描述训练内容，但是同时需要注意的是，仍然需要通过直观示范的方法进行讲解。

第二，教练员应对足球运动员的心理发展特点有进一步的了解和认识。处于青春期的足球运动员正处于心理转折时期，这就要求教练员在该阶段的训练过程中应注意与他们的沟通和交往，尊重他们并尽量满足他们的合理要求，同时要进行积极的引导，使他们的成就感和自信心得到有效培养。

二、男子足球训练的基本特征

男子足球运动训练与其身心发育特点是有机结合在一起的，因此男子足球训练的特点与青少年的身心发育特点也有着一定的相关性。具体说，男子足球训练的基本特征主要从以下几个方面得到体现。

（1）足球训练要保证训练方法的多样、新颖，并且富于趣味性和刺激性，多采用竞争性游戏形式的训练特征。

（2）处于骨骼、肌肉发育期的青少年男子，足球训练则表现为 15～16 岁之前少练或不练专门性力量的训练特征。

（3）针对青少年时期男子的灵巧性好、可塑性大的特点。足球训练则表现为改正不正确的观念，随时纠正错误动作的训练特征。

（4）处于心血管系统发育期的男子，足球训练则表现为少练无氧耐力，专门性身体训练不可太多等训练特征。

（5）处于青少年时期的男子的神经兴奋与抑制转换快速，足球训练则表现为注意加强发展速度素质的训练特征。

(6)处于青少年时期的男子抽象思维较差、模仿能力强的特点。足球训练则表现为多讲解、多示范、多看高水平比赛和优秀足球运动员的技术录像的训练特征。

(7)当男子处于自我评价能力低的青少年时期,足球训练则表现为多鼓励、少指责,培养自信心等训练特点。

三、男子不同时期足球训练的依据

男子足球训练主要是在青少年时期进行的,因此,这里就对青少年男子不同时期的足球训练进行分析和阐述。

(一)男子不同时期足球训练的阶段划分

培养高水平足球运动员的关键,是使各个训练阶段的紧密衔接得到有力保证。以足球运动员的训练阶段性特征为主要依据,可将我国足球运动员的训练划分为四个阶段:儿童时期(6～10岁);青春前期(10～12 岁);青春期(第一阶段 12～14 岁、第二阶段 14～16 岁);青春后期(16～18 岁),见表 2-1。

表 2-1　不同时期足球训练阶段的划分

阶段	年龄	级别
儿童阶段	6～10 岁	F 和 E 级
青春前期	10～12 岁	D 级
青春期	第一阶段 12～14 岁	C 级
	第二阶段 14～16 岁	B 级
青春后期	16～18 岁	A 级

(二)男子不同时期足球训练的指导

对于男子在不同时期足球训练的指导,可以从以下不同阶段来着手。

1. 儿童阶段(6～10岁)足球训练指导

对于处在6～10岁的儿童足球运动员来说，足球运动的吸引力是非常大的，他们对足球运动有着浓厚的兴趣且注意力也相对集中，他们喜欢运动和踢球，并且具有一定的创造性。鉴于此，就要求教练员应该对他们的兴趣所在进行积极的发现，同时不固定地使用某些足球训练模式进行训练。

此段足球训练应采用的方式应该是简单、小规模的比赛方式，以此来让儿童初学者对大型比赛的复杂性有一定的了解和认识。在这些小型比赛中，应将比赛的要求降到最低，同时让儿童足球运动员对进行比赛的目的就是要战胜对方有一定的认识。

在足球比赛过程中，需要注意的是，教练员不应给他们过多的纠正和指导，这对于个人特点的形成是比较有利的。训练过程中，儿童足球运动员在没有指导的情况下进行尝试和适当犯一些错误是被允许的。

2. 青春前期(10～12岁)足球训练指导

对处于10～12岁的青少年男子来说，青春前期是足球运动员掌握与发展技术的最佳年龄段。此时他们表现出适合的身体条件，在各个方面的发展都很均衡，可以学习不同的内容，应教会他们灵敏地运球并灵活运用各种足球技术。应教育他们尊重别人，有时间观念并树立目标，青春期阶段是很多素质发展的敏感期，教练员必须抓住这一敏感期对他们进行系统培训。

3. 青春期(12～16岁)足球训练指导

对处于12～16岁的青少年男子足球运动员来说，这一阶段也是身体进入快速发展的时期，足球运动员的实际年龄和生理年龄之间的差别是非常大的，同时，其差异性还表现在行为品质和足球专项能力方面，个体差异较为明显。在这一年龄段，尤其是在第一阶段内，青少年足球运动员表现出运动神经系统不稳定与身高增长迅速的特征，会在很大程度上影响到肌肉协调能力，从而导致反应速度和平衡能力下降。鉴于此，就要求教练员应该采取相应的措施予以调控和弥补。青少年足球运动员的心理在这一阶段，尤其是到第二阶段有着很大的起伏变化，因此这就要求教练员采取相应的改进措施，从而使青春期的男子足球运动员对足球训练的兴趣得到较好的保持。

4. 青春后期(16～19 岁)足球训练指导

处于 16～19 岁青春后期的男子足球运动员，其生理和心理等各方面已趋于稳定。在青春前期训练的基础上适当增加训练负荷，以确保青少年足球运动员能够适应成人的比赛，这对于这一时期男子足球训练水平的提高是有帮助的。从某种意义上来说，此年龄阶段的青少年足球运动员需要一个富有挑战性、强大的运动环境来保证他们的足球运动能力得到进一步提高，也只有在更高要求的竞争环境中才能使其足球技战术水平达到完美，因此这就要求做到将比赛和训练有机结合起来。除此之外，需要强调的是，这一时期在设计足球比赛时，一定要注重对训练负荷的要求，以使他们在身体、智力以及心理等各方面适应足球比赛的需要。

第二节　现代女子足球训练理念

由于女子与男子在先天性生理特征和心理素质方面都有一定的差距，因而女子足球训练要以这个基本规律和特征为主要依据，通过训练实践以形成一套自己所独有的训练理念。

一、女子身心发展特点与足球训练

(一)女子生理特点分析及足球训练要求

1. 女子生理特点分析

女子生理特点主要从生长发育、身体形态、身体成分、身体素质、月经期、有氧能力、运动系统等方面来进行分析,具体如下。

(1)生长发育特点。经科学研究发现,通常情况下,女子的生长发育期一般在7～15岁之间,在这一时期女子的身体形态有着较为明显的变化,各项身体形态指标随着年龄的增长而逐步增大。相对于男子来说,女子要比男子大约早两年进入快速增长期,一般是在10～12岁。18岁以后,女子将进入生长发育的稳定期,生长发育结束的时期也比男子早2～3年。由此可以从整体上看出,女子在青春发育期前,生长发育的速度要快于男子。

(2)身体形态特点。女子进入青春期后,身高增长迅速。通常来说,女子的脊椎骨较长,四肢骨较细而短,这样就形成了女子上身长、下身短的身体形态特点。除此之外,女性的腰部较长,骨盆较宽大而肩较窄,形成较为显著的体型特点,即上体长而窄、下肢短而粗、肩窄盆宽。这种身体形态对从事速度较快的运动或跳跃运动较为不利,但其稳定性高、平衡性好,对于从事此类的运动较为适合。

(3)身体器官(组织)特点。女子进入青春发育期后,相对于男子来说,其皮下脂肪逐渐增多,体脂含量大约为28%～30%(男子仅为18%左右)。女子体内的脂肪主要分布在胸、腹、臀和大腿等部位的皮下,皮下脂肪约为男子的2倍。男女各器官组织占体重的比例见表2-2。

表 2-2　男女身体各器官组织占体重的百分比

器官(或组织)	女	男	差数(女—男)
肌肉	36.0	44.0	−8
脂肪	28.0	18.0	+10
骨骼	15.0	18.0	−3
内脏	14.0	12.0	+2
血液	7.0	8.0	−1
共计	100.0	100.0	0

(4)身体素质特点。通常来说,在性成熟之前,女子与男子在肌肉力量方面的差异是比较小的,两者处在均等的状况。但在12～14岁后,男女肌肉力量之间的差异就会逐渐显现出来。女性的肌肉力量要比男性低10%～30%,而在爆发力方面,所产生的差异则更为明显。因此,在绝对力量和绝对速度方面女子是明显弱于男子的,但是,由于女子的肌肉和韧带弹性要好于男性,具有极好的柔韧性。因此女子对于一些静力性运动是较为适合的,对静力性运动的适应能力要明显强于男子。

(5)月经期特点。女子的性成熟突出的表现是月经期的来临,这一时期女性性器官的卵巢功能逐渐发育和成熟。产生卵子和分泌雌性激素,是卵巢的主要功能。女子在8～10岁期间卵巢发育较快,而随着生殖器官的逐渐发育和成熟,月经就开始出现。一般情况下,女子从13～15岁开始出现月经初潮,以后每隔28～30天重复一次,形成固定的月经周期,每一周期包括四个阶段。通常将月经来潮首日作为周期起始日,按28天计,大约第1～4天为月经期;第5～14天为增生期;第15～23天为分泌期;第24～28天为经前期。此外,10～18岁期间,是女子子宫等器官迅速发育的阶段。

(6)有氧能力特点。女子有氧能力特点主要从两个方面得到体现,一个是血液方面,一个是呼吸机能方面,具体如下。

① 血液方面。相较于男子来说,女子机体运输氧的能力要低,究其原因,主要是由于女子在血量、血红蛋白量和红细胞数

目上都普遍低于男子，如女子的全血量占体重的7%，而男子占8%；女子的红细胞数为380万～420万个/毫升，男子为450万～550万个/毫升；女子的血红蛋白为110～140克/升，而男子为120～150克/升。

② 呼吸机能方面。相较于男子来说，女子的肺容量小，气管细，呼吸肌力量较差，这就决定了女子的肺通气量、肺活量及最大吸氧量等均小于男子。因此，女子的呼吸机能普遍低于男子，这也在一定程度上限制了女子运动中氧气的供应量，对从事一些特殊运动项目提出了较高的要求。

从大量的相关研究中可以发现，女子的心脏重量、体积等指标均比男子要低一些。因此，女子的心搏量和每分钟输出量也都比男子低一些，由于女子的心血管机能弱于男子，运动中必须依靠加快心率来提高心输出率。女子氧运输系统的特点，使女子在氧的运输和利用方面受到限制，从而使得女子运动时的耐力水平较低。

(7)运动系统特点。由于女子的脊柱椎间盘软骨较厚，具有极强的弹性和韧性，柔韧性较好，因而要着重加强女子的柔韧性训练。但是女子长骨比男子细，骨骼重量也比男子轻10%左右，因而女子骨骼承受压力和拉力的能力较差。另外，女子肌肉的重量一般占体重的32%～35%，而男子的要占40%～45%，女性骨骼肌的体积也比男子的小，因而肌肉力量也比男性差。女性的肌肉力量约比男性低10%～30%。

2. 女子足球运动员训练要求

女子的生理特点不同于男子，这就要求女子足球运动员在训练中，要注意身体的全面协调发展，在身体素质全面发展的基础上提高足球技术水平。对女子生理特征的了解和掌握能对女子足球训练起到积极的指导作用，从而对女子足球运动训练水平和比赛水平的提高起到积极的促进作用。科学、合理地安排女子足球运动员进行训练，需要做到以下几个方面的要求。

(1)要使心肺功能得到有效增强。在心肺功能方面,女子要差于男子,因此,这就要求在女子足球训练中,注意加强对女子心肺功能的锻炼,从而对女子整个身体指标的提高起到积极的促进作用。加强女子心肺功能的方法有很多,其中,比较有效的主要是一些有氧运动(如跑步、骑自行车等),需要注意的是,在进行有氧运动时,为了保证良好的训练效果,持续的时间一定要长。通过这些有氧运动的训练,女子的心肺功能会得到一定程度的增强,对提高足球训练和比赛水平也是极为有利的。

(2)从高处跳下的训练尽量少做。在女子足球训练中,对于运动员身体受到过分的震动和摩擦的现象要尽可能地避免。究其原因,主要是由于这会对盆腔脏器的正常位置及骨盆的正常发育产生一定的影响,久而久之,会对女子运动员身体的增长和发育产生不良影响,对女子从事足球运动也是不利的。

(3)加强对腹肌和骨盆底肌的训练。在女子足球训练中,非常有必要使女子的腹肌与骨盆底肌的锻炼得到加强。究其原因,主要是由于位于腹腔周围的肌肉群以及腹腔底部骨盆下口处的骨盆底肌共同维持着人体正常的腹压,保持着腹腔内各脏器的正常位置和功能。因此,加强这些肌肉群的锻炼,有效避免由于跑跳等训练的剧烈震动引起子宫移位的现象,可对女子更好地适应和参加足球比赛也较为有利。

(二)女子心理特点分析及足球训练要求

1. 女子心理特点

女子在心理方面的特点主要从意志、思维、注意力、情感、自我意识等方面得到体现,具体如下。

(1)意志特点。随着年龄的增长,女子的情感、意识等方面都有了较为快速的发展,其独立性倾向也越来越强,并能在执行某种行为的过程中对自己行动的目的和意义有较为自觉的认识。但是从果断性和自制力来看,其发展要慢于男子。在意志力方面，由于个性和成长环境的不同，存在着很大的个体差异性，有些人意志坚定，承受挫折的能力较强，而有些人却犹豫不定，意志萎靡。由此可以看出，女子的意志品质的不稳定性还是比较明显的。

(2)思维特点。女子的形象思维发展比逻辑思维的发展要好一些。因此，在女子足球运动训练中，教练员要对直观教学和训练的方法引起足够的重视，这样才能产生较好的效果。此外，教练员还要采取各种手段和措施帮助运动员建立和培养发现问题、分析问题和解决问题的能力。

(3)注意力特点。女子的注意力水平发展是相对较为缓慢的，究其原因，主要是由于女子的情感较为丰富，情绪波动较大，突出表现为好奇心强，易受外界因素干扰，可诱导性强，注意转移快，集中和稳定性弱等。因此，运动员的训练和比赛也会受到一定程度的影响，这就要求教练员应采取积极有效的措施，对运动员注意力品质的培养方面加强训练。

(4)情感特点。通常情况下，女子的情感都是非常细腻和敏感的，容易触景生情，情绪爆发性强，容易在肯定与否定、积极与消极、激动与平静间震荡和转换；这种状况往往会对训练产生不利的影响，从而导致训练效果不理想。因此，加强运动员情绪自控力的训练是非常重要且必要的。

(5)自我意识特点。自我意识是个体进行自我认识、自我评价、自我体验、自我控制的一种意识。通常情况下，大部分女性的自我评价感性成分多，理性成分少。因此，在对某一事物的判断上往往带有较大的主观性和片面性，这主要在对自己的评价喜欢以偏概全、太在意别人对自己的评价等方面得到体现，这常常会引发她们强烈的情绪波动，以致于对办事的效率产生一定的影响，在足球训练中也是同样如此，在女子足球训练中还要加强她们自我意识的培养和改善。

从上述分析中可以得知，在女子足球训练中，教练员应遵循激励原则，对运动员进行全面的评价，评价要适宜，易于她们接受，要时刻注意维护女子运动员的自尊和人格，只有这样才能对运动员训练水平的提高起到更加积极的促进作用。

2. 女子足球运动员训练要求

随着足球竞技水平的不断发展，现代足球比赛竞争越来越激烈，对抗性也越来越强，这就对运动员的心理素质提出了更高的要求。在女子足球方面，女子由于先天性的原因，体内雄性激素水平较低，较男子来说，其自信心、胆量及勇气显得不足，在比赛中常会因心理问题而导致出现技术走形和失误。这会对女子足球运动员竞技水平的正常发挥产生非常不利的影响。因此，这就要求在训练中进一步加强心理训练，要有意识地培养和激发女子足球运动员的竞争动机，通过设置不同的对抗环境，采取各种有效手段提高她们的竞争意识和坚忍的意志品质，对其达到比赛的要求起到积极的促进作用。

二、女子足球训练的基本原理

（一）系统理论原理

女子足球训练目标是整个训练过程的重点，是训练阶段划分、训练内容的确定、训练方法和手段的选择、恢复措施的选用及检查评定的设计等重要内容的基本依据，训练目标的实现与所有的训练活动有着不可分割的密切联系，换句话说，就是全部训练活动都是为实现训练目标服务的。每一个阶段、每一次比赛以及每一次训练课都是整个训练整体的一部分，只对某一堂课、某一个练习进行评价和分析是不客观的。

女子足球运动员的竞技能力是由多种能力构成的一个多序列、多环节、多层次的结构系统。因此，这就要求在训练的过程中必须从整体上把握运动员的竞技能力，不仅要重视体能、技能、战术能力的训练，还要将心理能力和运动智能的训练纳入训练范畴,同时要从女子足球比赛的实战出发,在训练过程中要将运动员竞技能力的子能力有机地结合起来。

(二)超量恢复原理

足球运动员的竞技能力包含的要素很多,可以说,它是多种能力的综合表现,涉及生理、心理、先天性、后天性等方面的因素。因此人体机能的生物适应性改造包括中枢神经系统功能的改造,这不是短时间内所能奏效的。因此,运动员要想提高竞技能力,就必须通过长时间、持续性的训练。而竞技水平的提高需要每一次课、每一阶段训练效果的积累。训练过程中的每一次课、每一个阶段,都属于整个训练过程的一部分,因此,对每一次课的训练都要引起高度的重视。由此可见,运动员训练过程中表现出明显的延续性和不间断性的特征。虽然女子足球运动员存在特殊的生理周期,但同样也要保证训练的延续性,否则所取得的训练效果就会不甚理想。

运动员在延续性和不间断的训练过程中,各个训练阶段之间是相互联系又独立存在的,要想完成球队的整体训练任务,从而保证最终的目标和任务的实现,就必须完成各个阶段的训练任务。

(三)适宜负荷原理

大量的运动训练理论和实践表明,女子足球运动员竞技能力和比赛水平的发展和提高,是通过训练内容给运动员机体施加适度的运动负荷,使运动员机体产生功能性的适应性变化和改造,最终产生相应的训练效应。需要注意的是,并非只要施加了负荷,就能产生良好的训练效应。只有与运动员的竞技能力结构及自身具体实际有机结合起来,才能取得理想的训练效果,这就是女子足球运动员训练的适宜负荷原理。

因此,要求在足球训练中一定要选择适宜的运动负荷,训练负荷过小或者过大，都不会取得理想的训练效果，严重者还会造成不必要的运动损伤。

（四）控制理论原理

女子足球运动训练的影响因素有很多，较为主要的有训练理念、手段、方法等，而这些因素又都处于不断的变化之中。因此，这就要求在训练实践中实施有效控制，从而使整个运动训练过程的系统性、科学性和有效性得到有力的保证。

早在20世纪60年代，前苏联的一些学者和教练就把控制论、信息论、系统论等一些科学理论和方法应用到运动训练中来，建立了模式训练体系，这在很大程度上提高了运动训练的可控程度，使训练的效果也得到大幅度改进。近年来，女子足球运动训练的科学性得到很大程度的提高，训练中各种有效控制的方法和手段的运用越来越频繁，这使得运动员的训练水平及训练效果得到了较大程度的提高和改善。

从上述分析中可以看出，在女子足球训练中，要保持这种良好的发展模式，加大女子足球运动训练控制方法、手段的研究和应用的力度，从推动女子足球运动更快发展。

（五）竞技需要原理

提高运动员基本的技战术能力和团队协作能力，最终目标是夺取比赛的胜利，这是女子足球运动训练的基本目标。因此，在日常训练中，应该与女子运动员的竞技能力结构和负荷特征等因素有机结合起来，从实战出发，科学安排训练手段和方法，使训练的专项针对性、实战性和实效性得到有效提高。具体应该做到以下几个方面的要求。

首先，要对女子足球运动的专项特异性进行深入分析，对女子足球运动员的竞技能力构成要素做重点研究，为确定训练内容、手段、方法等打下必要的基础。

其次，要对运动员的现实状态和训练条件作出全面的评估和分析，从而为科学合理地制订训练计划奠定基础。

最后，还要将女子足球运动员的竞技能力和自身具体实际有机结合起来，从而将训练的负荷内容和手段确定下来。注意体能练习、技能练习、心理能力练习和智能练习之间的合理结构，做到循序渐进地发展。

三、女子足球训练的依据

对于现代女子足球训练来说，它是在一定的科学依据的基础上进行的，具体包括两个方面：一方面，是女子足球运动员竞技能力发展的敏感期；另一方面，是女子足球运动员多年训练过程的阶段划分。

（一）竞技能力发展的敏感期

女子足球运动员的竞技能力的获得途径主要有两个：一个是先天遗传，一个是后天训练。在先天性遗传方面，先天遗传的竞技能力随着运动员的发育而表现出不同的水平，后天获得的竞技能力也随着训练过程的不断延伸而变化。在足球运动员生长发育中的某一个时期，各项生理指标发展得最快，机体对外部施加的训练负荷也最为敏感，这一阶段就是竞技能力发展最快和最佳的时期，在这一时期要使运动员训练的科学性和合理性得到有力保证，运用一切可能的手段对运动员竞技能力的发展起到积极的促进作用。运动员竞技能力发展的敏感期包括以下几个部分。

1. 体能发展的敏感期

足球运动员体能素质的发展是要遵循一定的规律的，通常情况下，柔韧、速度、灵敏和协调素质是最先发展的，其次是爆发力和有氧耐力，力量和无氧耐力素质是最后发展的。

2. 技能发展的敏感期

在足球训练中,运动员的运动技能的阶段性特征也是有差异的。通常情况下,运动技能的发展步骤为:首先是基本技术学习,其次是结合战术方法的技术运用阶段,最后是技术运用对抗能力和灵活运用阶段。

3. 战术意识发展的敏感期

战术意识是运动员战术能力的核心内容。在足球训练中,运动员战术意识的发展也具有阶段性特征。其包括的基本内容主要有:第一,对运动赛场上运动员行动的目标、自身的位置和同伴、对手的状况的整体知觉,即对场上环境的知觉过程;第二,是对完成目标所需的重要信息筛选和判断的过程;第三,是从记忆库中提取已有的经验图式与比赛场景进行比对并采取决策的过程;第四,是通过决策采取行动的过程。

在女子足球运动员战术意识的 4 个构成部分中,观察能力是最先发展的,其次是信息知觉与判断能力,决策能力和知觉预测能力最后得到发展。

在女子足球运动训练过程中,一定要对训练的内容、方法、手段和训练负荷等进行科学合理的安排,同时需要注意的是,要以女子足球运动员的身心发展特点为依据来对训练负荷进行安排,不能急于求成,要严格遵循循序渐进原则。

(二)女子足球运动员多年训练过程的阶段划分

通常情况下,一名优秀的运动员从开始训练到取得优异成绩,大致需要 10～14 年的时间。在这一段时间中,每名足球运动员都要经历基础训练阶段、专项提高阶段、最佳竞技阶段和竞技保持阶段 4 个基本阶段。各个阶段的训练任务和训练内容是有所差别的,同时,也对运动负荷的安排提出了不同的要求(表 2-3)。其中,最佳竞技阶段是足球运动员多年训练过程的核心阶段,在这一阶段中运动员能够发挥出自己优异的技术水平；而基础训练阶段和专项提高阶段的安排和要求，都要服从于最佳竞技阶段，而竞技保持阶段则可以说是最佳竞技阶段尽可能长的延续。

表 2-3　女子足球运动员多年训练的阶段划分

<table>
<tr><th>阶段</th><th>主要任务</th><th>年限</th><th>年龄</th><th>训练的重点内容及顺序</th><th>负荷特点</th></tr>
<tr><td>基础训练阶段</td><td>发展一般运动能力</td><td>3～5</td><td>9—13</td><td>协调能力、基本运动能力、多项基本技术、一般心理素质、基本运动素质</td><td>循序渐进留有余地</td></tr>
<tr><td>专项竞技阶段</td><td>提高专项竞技能力</td><td>4～6</td><td>14—19</td><td rowspan="2">基本技能、战术能力、专项运动素质、专项心理素质、训练理论知识</td><td>逐年增加逼近极限</td></tr>
<tr><td>最佳竞技阶段</td><td>创造专项优异成绩</td><td>4～8</td><td>19—27</td><td>在高水平区间起伏</td></tr>
<tr><td>竞技保持阶段</td><td>保持专项竞技水平</td><td>2～5</td><td>27 以上</td><td>心理稳定性、专项技能、战术能力、专项运动素质、训练理论知识</td><td>保持强度明显减量</td></tr>
</table>

在女子足球运动全程性多年训练过程中，必须以不同的阶段为主要依据来对训练任务、训练内容和训练负荷进行相应的安排，并且在不同的训练阶段将发展重点明确下来。同时在不同的训练阶段，以不同的训练任务为依据，对运动员竞技能力发展水平提出不同的要求。

四、女子月经期的足球训练

（一）女子月经期足球训练的负荷安排

月经是女子一个特有的生理现象，女子在月经期间，生理和心理都会发生一定的变化，因而会对运动员的足球训练产生不同程度的影响。因此，在女子足球训练中，一定要将女子的月经期作为重点考虑内容，采取各种措施做好科学的安排。具体来说,女子在月经期间应该对训练负荷进行如下安排。

1. 对训练负荷进行合理安排

女子在月经期间的生理特征主要表现为:运动能力相对较低,随后逐渐升高,在增生期末和分泌期初达到相对较高水平,保持一段后又逐渐下降,至下次月经期再落入较低水平。女子在月经期间,各种运动能力,如反应能力、肌肉力量、身体灵敏性等都会出现不同程度的降低。这就要求熟练的掌握女子月经期间要对上述几个基本规律,运动训练内容应以运动负荷适宜、持续时间较短的活动为主。

总的来说,女子月经期间的足球训练要严格遵循一般安排和个体安排相结合的原则,具体如下。

(1)一般安排。以女子月经周期运动能力的变化规律为主要依据,对女子足球运动员的训练负荷进行安排,通常来说,要采取从经前期开始逐渐减小运动负荷,直到在月经期内都保持相对小负荷水平。然后逐渐增大运动负荷,一周后达到相对大负荷水平,直到下次月经期。根据这种运动负荷重复进行训练,使机体承受能力得到提高,将运动员的竞技能力保持在一个较高的水平,以利于参加比赛,取得好的成绩。

(2)个体安排。女子在月经周期内运动能力的波动具有明显的个体差异性特点。这就要求以每一个运动员的自身月经期特点为主要依据,提高足球训练的科学性和有效性。在安排运动负荷时,在一般安排基础上做好个体安排,目前,往往采用填图的方法来完成个体安排。

① 图片的格式。图 2-4 为印制专用月经周期运动能力指标的波动图,一张图包括两个周期,这对于将月经周期之间的联系反映出来是较为便利的。图中周期天数可根据女子足球运动员的实际周期天数增减。

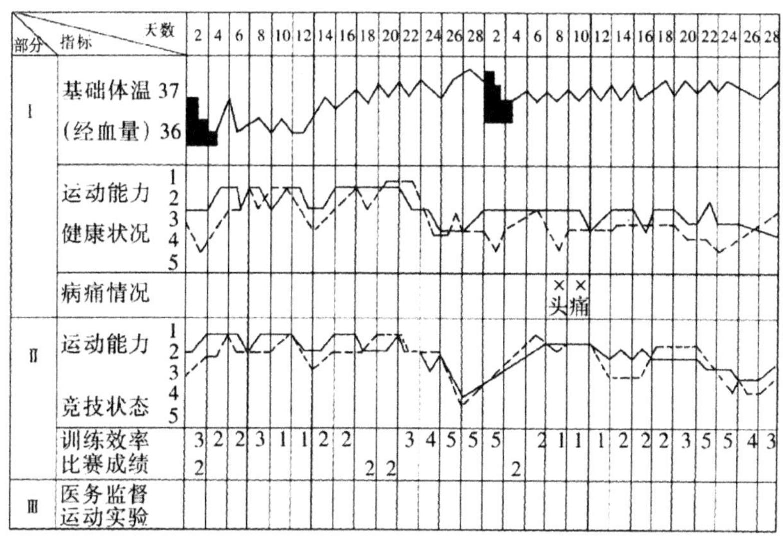

图 2-4

注:图中第一部分(Ⅰ)是运动员自我监督项目,第二部分(Ⅱ)是教练员观察项目,第三部分(Ⅲ)为队医检查项目。

② 填图的具体方法。填图的具体方法主要由三部分组成,具体如下。

第一部分:主要包括运动员本人填绘基础体温、运动能力和健康状况、病痛情况。

运动员本人填绘基础体温。宜在每天清晨空腹、静卧、室温约 20℃ 时测定。此栏中前 3 天黑方块表示月经血量情况,以纵坐标的 4 小格为标准,若血量少仅填 1 格,血量中等填 2 格,血量多则占 3 格。血量多少由运动员自己酌定,但各周期的恒量标准应该尽量保持一致。

运动能力和健康状况。其评分标准也照此掌握,只是要按五级评分,一级为优,五级为劣。将各项自评得分以描点方式标在图中相应位置,再用实线或虚线连接每天所标之点,便可得到各种指标的波动曲线。

病痛情况,指月经以外的疾病,如感冒发烧等,记录此项是为排除疾病对运动能力的干扰。

第二部分:教练员填绘。该部分是由教练员针对运动员在训练或比赛中的表现所作的评价,采用同第一部分的曲线描记方法来进行绘制。

第三部分:队医填绘。该部分可由教练员、运动员与队医酌情商定,具体采用哪些医务监督指标和运动实验内容。

2. 对训练内容的科学选择

在女子月经期间进行足球训练,要对训练的方法和手段引起高度的重视,尽可能多地选择一些轻松、愉悦的训练项目,将运动员训练的积极性有效调动起来,从而对身体技能的发展和运动训练水平的提高起到积极的促进作用。

在女子月经期间,一些剧烈的、大强度的动作要尽可能避免,否则会使子宫受到过大的震动或腹内压过高而使子宫受压,造成经血过多或引起子宫移位,从而对运动员的训练和比赛,以及自身的身体健康产生不利的影响。

3. 要制订符合个人特点的个别训练计划

女子经期的运动训练计划并不是对每个人都适用的,因此,要做到因人而异。比如,在女子足球运动员月经正常,无特殊不适的情况下,就可以坚持原定的足球训练计划,如在有腹痛、腰背痛、经血过多或过少等不适情况下,可进行轻微的足球训练。而对于月经紊乱、痛经以及患有内生殖器炎症的女子足球运动员,则要坚决暂停其训练。

在制订个别训练计划时,要注意将那些出现月经紊乱的女子足球运动员月经紊乱的原因找出来,如有些人是由于不适宜的运动量而引起的,在调整运动负荷后就能恢复正常,而有的人是由于运动环境的改变、中枢神经系统和内分泌系统功能暂时不稳定而造成的,适应一段时间后便可自行恢复。在将客观和主观因素都排除后,月经仍不能恢复正常,则应对运动员进行详细的身体检查,找出原因并有针对性地解决问题。

在日常训练中，女子足球运动员应对自身状况引起足够的重视，加强自我监督，做好月经期间的记录等，及时向教练员汇报自身的经期特征，从而为教练员科学地安排和制订运动训练计划提供及时、客观的依据和支持。

（二）女子月经期足球训练注意事项

在月经期间，女子足球运动员的运动能力会在不同程度上受到影响，但是，如果此时能够采用恰当的训练手段和方法，通过长期系统的训练，就会产生良好的适应能力，使经期对运动员竞技能力的不利影响降到最低。具体来说，女子足球运动员在月经期间进行足球训练应对以下几个方面引起注意。

1. 要有效利用超量恢复原理

超量恢复原理对于女子足球运动员在月经期间的训练是非常有好处的。以此为主要依据，女子运动员的月经期的训练，应主动采取在经期前安排大负荷训练，而在经期调整运动负荷，使机体机能在经期后期及经期后一周出现超量恢复效益。

2. 要循序渐进地增加训练负荷

女子运动员在月经期间训练时，要遵循循序渐进的原则，逐渐适量地增加训练负荷，采取对某一负荷量适应后再逐步加大负荷的方法。另外，在训练时还要对个体间的差异引起足够的重视，对不同水平运动员采取不同的训练方式，制订与之相适应的训练计划，使其经过循序渐进的系统训练后，能在以后的月经期间参加大负荷的训练及比赛。

3. 要重点注意保健和卫生

女子足球运动员在月经期间尤其要注意保健与卫生。在训练过程中，应使会增大腹压的练习尽可能避免，大重量并带有憋气的动作也要尽可能减少。究其原因，主要是由于月经期盆腔脏器充血，做增加腹内压的练习可能会造成月经血量过多，长期如此会引起子宫及附件移位，会对女子的生殖机能产生不利的影响。除此之外，注意在阴雨天及泥泞场地训练或比赛时的卫生与保健，从而使运动员发生阴道感染的情况得到有效避免。

另外，女子足球运动员在月经期间还应注意保护下腹，避免冷热刺激，否则也会对其生理机能产生不利的影响，不利于足球训练及比赛。

4. 要使心理适应能力得到进一步提高

女子在月经期都会或多或少的出现一些特殊的生理反应，比较常见的有：身体有轻度不舒适感觉，下腹部和乳房发胀，腰部发酸等。也有一些会出现食欲不振，疲倦嗜睡，情绪激动，感到头痛等全身性异常反应。这些状况都会导致女子足球运动员出现心理和精神上的紧张与烦躁，这对于其进行足球训练是不利的。因此，要求在女子月经期间，加强运动员的心理卫生指导，解除其心理顾虑，必要时还要进行一些心理训练和调控，使运动员产生良好的心理适应能力，以达到有效提高训练效果的目的。

5. 要切实做好医务监督工作

女子足球运动员在月经期间训练时，医务监督工作也是非常重要的。具体来说，就是要通过建立月经卡片等方法，详细记录运动员月经期间的一切身体和心理状况，以便于对经期训练负荷进行及时调整。在训练期间有些运动员可能会出现短时间的月经紊乱、头疼头晕等症状，通常情况下，这是对经期训练不适应或过度疲劳的症状，此时应对运动负荷进行相应调整，使月经逐步恢复正常。而对月经间隔长期短于 20 天或长于 60 天，甚至闭经或出血不止的队员，则应及时进行妇科检查，接受治疗。若确诊为生殖系统病变，则应暂停其训练和比赛，及时进行相应的治疗。

第三章　现代足球训练体系研究

随着足球运动竞技水平的不断提高，其训练的水平也在不断发展，由此使得足球运动训练的体系不断完善和丰富。为了保证足球训练的科学性，本章对足球运动训练体系进行了研究。

第一节　现代足球训练的任务

一、提高身体素质能力

足球运动员的身体素质训练是非常重要的。足球比赛是在激烈的对抗拼抢中进行的，运动员必须快速地奔跑、摆脱、滑步、跳跃以及在多变复杂的条件下完成合理的冲撞，准确地实施射、传、运、突和抢、封、断等高难技术动作，运动强度大，能量消耗大，这就对运动员的力量、速度、耐力等身体素质提出了很高的要求。因此，对足球运动员身体素质训练应贯穿于整个训练过程中，依据足球比赛的能量供应特征，可将足球运动员的体能训练分为有氧能力训练、无氧能力训练和特定肌肉训练三类(图3-1)。对青少年足球运动员来说，其体能训练应主要以有氧训练为基础，有机地把速度、力量、柔韧、协调、灵敏等素质练习与有球活动结合起来。

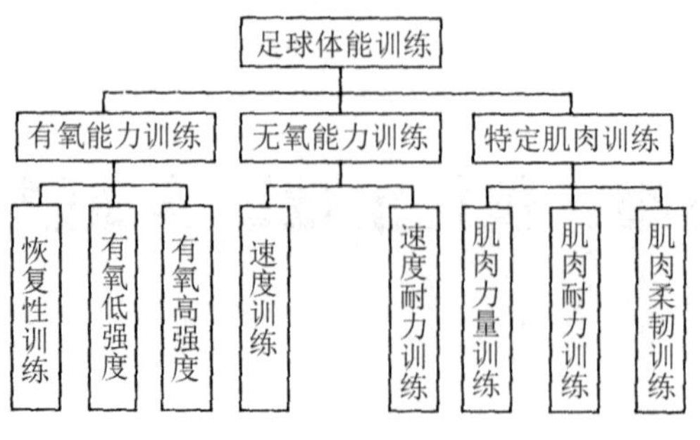

图 3-1

二、促进技战术的掌握和技能的提高

(一)技术能力的提高

足球技术的掌握是开展足球运动的基础。运动员只有具备了高超的技术水平,才能够更好地应对比赛中的各种情况。进行足球训练的重要任务之一就是使得运动员熟练掌握各种足球技术。一般将足球技术分为三类,即为无球技术、有球技术和守门员技术。要做到各种技术都能够在比赛中熟练运用。

(二)战术能力的提高

通过战术训练,足球运动员应熟练掌握各种战术,并能够灵活运用,树立良好的战术意识。

足球战术意识是运动员在进行比赛时的自觉心理活动,是对比赛客观现实的有目的、自觉的反应,是运动员根据比赛场上的攻守态势,自觉选择与运用技术战术行动的瞬时决断能力的体现。战术意识表现为运动员能根据临场情况的变化,随机应变地决定自己的行动方案,并能与同伴默契配合,充分发挥技术和战术特长,以便克敌制胜。

足球运动员在比赛中的战术意识可以看成是运动员的一种自觉的心理活动,强调了思维在意识中的作用,这种自觉的心理活动包含着运动员战术运用方面的感知、记忆、思维和想像等心理活动的总和而战术思维是其核心成分。战术思维是指运动员解决战术任务时的思维。战术思维与战术意识各有其独特性。战术思维具有直观形象性、实效性和敏捷性的特点。

足球运动员的战术意识可分为对比赛客观现实认识的感性和理性两个阶段。

战术意识的感性阶段是指运动员对赛场上各种情况的感知,如对攻守态势、比分、裁判、观众等的感知。这主要取决于观察这一特殊的知觉形式。比赛场上正确的行动来源于正确的思维,正确的思维判断依赖于精细的观察。因此,运动员的观察敏锐度是决定运动员战术意识水平的重要因素。全面、准确、敏锐的观察是决定战术意识水平的基础因素。

战术意识的理性阶段是指在意识指引下的思维活动。思维活动是意识的主要成分,运动员在比赛中将感知到的比赛情况及有关比赛的各种信息通过思维活动进行全面的分析、综合、比较、抽象和概括,从而作出决断并采取相应的行动,思维活动的过程是在瞬间完成的,成为一种自觉的活动,同时是借助于已有经验完成的。

提高足球战术意识水平要从深入探讨竞赛规律着手,包括技、战术方法及其运用,攻防原则、竞赛规则、规程,甚至场地、气候、观众等对比赛影响的规律。同时还要注意比赛经验的总结、提炼和积累。

(三)心理能力的提高

现代足球竞赛竞争和对抗较为激烈,一名足球运动员如果没有良好的心理素质,取得优异成绩几乎是不可能的。运动员的运动能力与其智力、个性特征、训练和比赛中的心理状态、社会心理特点、心理自我控制调节技能、心理障碍等方面有非常密切的关系。尤其是运动员的自信心、注意力、意志三项心理品质对培养和造就一名优秀足球运动员是必不可少的。足球运动训练的重要任务主要就是提高其心理能力。

三、促进运动员的全面发展

过去的运动训练过程中,我的往往只注重运动员身体素质以及各项技战术能力的发展,而忽视了其他方面的发展,这就造成了运动员的不平衡发展,其文化素质、社会适应能力等方面发展不足。很多运动员退役之后生活艰苦,打击了运动员参与足球运动的积极性。因此,运动训练过程中,其任务之一就是促进运动员的全面发展。

总而言之,进行足球运动训练的任务是提高运动员的足球竞技能力,使其能够在运动训练过程中熟练运用足球训练的成果。在运动训练过程中,不同的阶段,其短期的训练任务并不同,但是其最终任务都是提高运动员的竞技能力。

第二节　现代足球训练的目标

一、足球技、战术训练目标

足球运动的技、战术训练目标就是运动员通过科学的技、战术训练方法,掌握先进的足球运动技、战术知识,使自己具备全面的足球运动技、战术运用能力。在足球运动中,技术训练的具体目标是运动员通过训练全面的掌握足球的运球、过人、传球、射门、头球以及假动作等技术,并能够在足球比赛中进行充分地发挥。而战术训练的具体目标则是运动员通过战术知识学习与实践训练,理解自己在足球阵容中的位置意义和作用,并在比赛中能够充分发挥自己在整个足球战术阵容中的作用。在训练过程中应科学制定相应的指标,并对其目标的达成情况进行测量。在训练过程中,足球竞赛是检验其技战术训练水平的重要方法。

二、足球身体素质训练目标

现代足球运动身体素质训练的目标,要围绕足球运动的专项特点来进行制定,运动员不仅需要保持较好的有氧能力,还需要具备较好的无氧能力。足球运动员在进行身体素质训练时要以各项身体素质的全面协调发展为目标,在进行速度、力量、耐力素质训练的同时,不能忽视柔韧、灵敏等素质的提高。

(一)足球运动有氧能力训练目标

一般来说,足球运动有氧能力训练的目标是:增大心输出量;增加肌肉在延时运动时对氧的利用效能;在高强度运动后,提高身体的快速恢复能力。足球运动员有氧能力提高后,可增加比赛中有氧供能的比例;耐力得到有效提高,有助于球员在较高强度的延时运动中保持体力,能有效地降低由疲劳导致的精力不集中和动作变形。

(1)恢复性训练的组织:足球教练员应选择相对安静的环境,安排一些轻松的身体活动,如慢跑、低强度的有球练习或游戏,使球员在轻松的精神状态下,机体得到积极性的恢复。在恢复性训练中,关键要控制好练习强度。

(2)有氧低强度训练的组织:足球教练员可安排间歇式或连续式练习方法。采用间歇式练习时,每次练习时间应在5分钟以上;如果进行无球练习,必须有强度变化,即在心率最大值70%~90%间交替进行。

(二)足球运动无氧能力训练目标

一般来说,足球运动无氧能力训练的目标包括:提高快速反应能力;增强无氧系统在高强度运动中产生力量和能量的效能;高强度运动后,提高机体的快速恢复能力。在足球比赛的对抗环境中,大量的技战术活动要求球员“爆发性”地完成,如抢断球、抢点射门、运球突破、长传球、急停、急起等。这些活动多是由无氧系统供给能量,主要是 ATP-CP 系统供能。因此,足球运动员的无氧能力训练,应以速度训练为主。16 岁以下不宜进行速度耐力训练。

(1)速度训练的组织:进行足球速度训练,重要的是将认知速度与动作速度相结合,无球速度与有球速度相结合。速度训练应安排在训练的前半部分,要在充分热身后进行;每次练习的时间控制在 2～10 秒,不超过 10 秒;距离宜控制在 20 米以内;练习时要竭尽全力;练习的间歇时间要充足,至少是练习时间的 5 倍,使身体基本达到完全恢复的状态。

(2)速度耐力训练的组织:速度耐力训练的运动强度应接近极限;按照快慢交替的原则组织练习;练习的时间宜在 20 秒以上;速度耐力训练可分为提高性训练与维护性训练。提高性训练的目的是提高在相对较短的时间内极限运动的能力;维护性训练的目的是提高维持高强度运动状态的能力。

(三)特定肌肉训练目标

足球比赛所需的肌肉力量和肌肉耐力经过系统的训练会不断提高。然而,为更加有效地增强和平衡某些肌肉力量,需要进行一些特定的肌肉训练。

一般来说,足球运动特定肌肉训练的目标是:增加在比赛中爆发性肌肉力量的输出;提高肌肉维持高强度运动的效能;避免运动损伤;提高肌肉在高强度之后的恢复能力。青少年(16 岁以下)足球运动员的特定肌肉训练,不应采用负重形式,而应以克服自身阻力为宜。

(1)肌肉力量训练的组织:足球运动员力量训练前要充分热身;针对某个肌群的一组练习后,要有足够的休息时间;要限定练习的速度和强度,练习时间应在5～10秒之内;尽可能与足球技术动作的用力方式保持一致;力量训练课后,要进行充分的牵拉放松。

(2)肌肉耐力训练的组织:肌肉耐力练习的负荷不应过大;针对一个肌群的练习要保持一定持续时间,建议在15秒以上;可以选择动态和静态方式,或两者交替进行;练习间歇建议采用不完全恢复方法。

(3)肌肉柔韧训练的组织:肌肉柔韧训练一般采用牵拉的方法。热身活动的牵拉,可有效提高肌肉工作的适应性;而放松活动的牵拉,则可调节肌肉张力,加快消除肌肉疲劳。牵拉练习应在肌肉预热之后进行;在动作到位后,保持相应的静态10～20秒;受牵拉肌肉应有明显的张力感;每次牵拉后进行相应部位的放松。为了有效地保持肌肉柔韧度和肌肉弹性的协调,训练应注意动静结合、张弛结合、深浅结合和快慢结合。

三、足球心理素质训练目标

现代足球运动心理素质训练的主要目标是通过足球训练来增强运动员的自信心,促进自我控制能力的提高和保持稳定注意力的能力。除此之外,运动员还需要通过足球训练全面提高自身的意志力、竞争意识、沟通能力、角色的定位和责任感等心理素质。足球运动员的心理素质和运动能力是紧密结合的,如果在足球训练过程中忽视了运动员心理素质的训练,其自身技战术能力在比赛过程中的正常发挥就很难得到保障。因此,在现代足球运动训练中,应将运动员的心理素质训练融合到平时的身体素质和技战术训练中去。在训练过程中,应针对心理素质的要求来制定相应的训练方法,并应注重心理素质目标的科学测评。

第三节　现代足球训练的要求

一、在训练过程中注重因材施教

在足球训练中，由于运动员的每一个年龄段都有其各自的特点，所以训练的任务及安排也都应该有所针对性，而且即使在同一个年龄段或同一个队中，由于每名运动员的身体条件、个性特征、生活环境、接受能力、训练水平、技术特长等方面都存在着差异，所以针对训练对象的不同特点和差异，在训练任务、内容、要求、方法和负荷上必须重视因材施教的作用，注意区别对待，这对于提高训练质量具有直接的意义。

二、注意培养运动员的职业道德

职业道德是运动员健康成长的重要保证。足球职业化在我国尚处于起步阶段，随着我国足球体制改革的进一步深入和完善，与国际职业足球接轨已成为历史的必然。青少年足球运动员中的优秀选手也必将步入职业足球的行列。为了适应这种变化，保证青少年运动员的健康成长，从小就要教育运动员树立坚定的事业心，拥有强烈的祖国荣誉感、责任感，并培养其团结拼搏的职业道德。从小使他们养成优良品质和良好的文明习惯，勤学苦练，奋发图强。与此同时，由于青少年运动员精力充沛，好奇心强，但其自觉性不稳定，学习技术常常急于求成。教练员要针对运动员的这些特点，使他们在训练过程中树立良好的学风。

因此，抓好运动员的职业道德教育，培养良好学风，对于青少年足球运动的学习与训练十分重要。

三、应加强运动员对足球理论的学习

理论的学习是培养优秀足球人才必不可少的，是紧密联系运动实践、启发和调动运动员积极性和自觉性、充分发挥主观能动性和创造性的有效手段。因此，以科学理论指导运动实践的观点在当今国际足坛的运动员训练中越来越受到高度重视。通过理论学习，能使运动员逐步认识和掌握足球运动的基本规律，懂得怎么练和为什么这样练的道理，从而在智力、身体、技能上得到全面发展，提高运动员足球训练的水平。

四、科学制定运动员培养规划

运动员足球培养规划的制定是对未来的训练过程预先作出的理论设计，是在状态诊断的基础上为实现目标而选择的状态转移通道。

从宏观上讲运动员培养规划为我国足球运动可持续发展描绘了蓝图。从微观上讲足球训练应长期不间断，要有计划性和周期性。在足球运动训练中，教练员都应在了解运动员现有状况的前提下，有计划、有步骤地进行训练，并明确具体的检查方法，从而使各阶段(各周期)的训练效益与整个培养规划取得一致。而不能凭一时看法和粗略考虑来安排他们的训练，这样容易导致训练的系统性受到破坏。

五、坚持进行科学、系统、全面的训练

随着竞技运动水平的不断发展和提高，也促进了竞技体育领域的变革。一切现存的运动训练体制、训练结构、训练理论、训练方法等，都将在这场变革中接受新的挑战和检验。

现代足球训练正朝着日益科学化的方向发展，表现特征是

训练工作更加模式化、系统化、综合化、定量化、手段多样化和信息化。因此，在足球训练中，其科学性的一个重要标志就是能否依据足球运动员成材的基本规律，遵循运动员的身心发育特点，按照比赛的实战需要进行训练。只有在训练中适应和驾驭这些规律，坚持科学方法训练，才能使运动员的水平得到充分的发展和提高。

六、运动员应学好文化知识

通常情况下，参加足球训练的少年儿童都有较重的文化知识学习任务，平时还要参加各阶段及期末考试，即使 16 岁以上的足球运动员，也还有进一步学习文化知识的任务。如果运动员不具备一定的文化水平，势必会影响其智力水平，也就不易踢好球，在技术上更加难以突破。所以说，加强运动员文化学习既是他们能胜任未来工作的基本条件，也是发展运动员智力水平的重要基础。

因此，对待青少年足球运动员，教练员不能只关心训练，同时还要重视他们文化知识的学习。并要及时了解他们的文化学习情况，与家长保持紧密联系，共同配合和督促青少年运动员的文化学习，将学习与训练充分结合起来，并处理好二者之间的关系。

七、青少年运动员应认真打好基础

评定足球训练效益的高低除了参考比赛成绩外，最根本、最富有价值的尺度应是基础训练的全面扎实程度、人才的输送率以及运动员的发展后劲。为此，对于青少年的足球训练旨在打好全面基础，挖掘潜能，提供发展后劲。所以，各年龄段的训练必须依照完成相应阶段的训练任务来进行。同时，在训练中坚决杜绝那种单纯以追求名次为目的的比赛、弄虚作假以大打小等现象。只有认真打好基础,才能推进足球运动员获得更好的训练成绩。

八、在训练过程中注意赛练结合

足球比赛是足球训练工作中的重要组成部分,是推动足球运动广泛开展、改进训练工作和提高运动技术水平的有效手段。训练的效果只有通过比赛才能集中地表现出来。但比赛不能完全代替训练,因为有许多技术、战术、身体素质等方面的问题单靠比赛是不能解决的。因此,教练员必须正确认识训练与比赛的关系,只有做到练赛一致、赛练结合,才能不断提高足球运动员的竞技水平及实战比赛能力。

九、应科学选材

在我国足球运动的长期训练实践中,教练员总结出了不少选材的经验。依据这些经验指导选材工作,通常称为"经验选材"。运用经验选材法曾选出一些好苗子,但由于有些经验未经科学验证,又无定量指标,较多地依赖主观判断,淘汰率高,容易造成人力、物力、财力的浪费。为此,在足球选材时,要在科学诊断和科学预测的基础上进行,通常采用多因素分析法进行最优化选择,以那些与专项关系最为密切、遗传率又较高的指标作为主要条件,建立足球运动员选材的定量化模式,并可进一步开发足球运动员选材的计算机软件。

近年来,我国在科学选材方面的研究取得了较大进展,这也为足球运动员的科学选材创造了重要条件。

第四节　现代足球训练的原则

一、系统性原则

系统性原则是从开始训练到训练结束的整个过程中，运动员都要按照体能发展的内在规律进行，并以此为前提进行完整、系统的技战术训练。训练的任务、内容、要求和指标等方面要层层衔接，上下过渡、相辅相成，避免重复训练和训练跨度过大。教练员要对训练的内容、手段、负荷，以及各部分训练内容所占的比重等做出系统的安排。

足球运动要经过多年的系统性训练，才能取得较好的成绩。训练时间短、计划散乱及内容脱节，是不可能达到较高水平的。不同的训练时期、训练内容都是紧密相连、相互影响和相互制约的。之所以遵循系统性原则，是因为足球运动的理论知识、技战术内容，都有其内部的系统性和联系；运动员动作技能的掌握和提高都有一定的规律，只有遵循规律才能够取得良好的训练效果。

在进行足球训练时，应注意以下几方面的问题。

(1)正确确定训练的任务、内容、指标和要求。根据运动员的现有水平，合理计划训练，做到由简到繁，由易到难，循序渐进，由浅入深，打好基础，切合实际，有利提高。

(2)注意各个训练阶段的衔接。全面的考虑问题，实事求是地制订切实可行的计划，使训练系统化，以保证训练的连贯性。

(3)合理安排训练和休息。在进行训练安排时，应注重休息时间的安排，使运动员能够良好的恢复，避免运动疲劳的积累。

二、区别对待原则

区别对待原则是现代技战术训练的重要原则之一，具体是指在训练中应根据运动员的年龄、性别、身体素质、训练水平、文化程度、个性心理特征等科学地确定训练任务、训练内容、训练方法和运动负荷。教练员应该认识到，运动员之间存在着许多差异，不同运动员条件有所不同，且在训练中各人的起点不同，如有的开始进展很快，但后来反而慢下来；有的某些运动素质好；有的能适应大负荷量的训练。随着训练的进行，其发展程度也不同，如有的运动员在训练初期进展不大，但到了某一阶段可能突飞猛进。因此，应针对运动员的个人特点合理安排训练，重视不同运动员在技战术训练中的各种区别性因素。

训练中遵循区别对待的原则，有利于发掘运动员的潜力，防止训练中个别人脱离整体现象，只有因材施教，有的放矢地进行训练，才能取得良好的训练效果。具体而言，坚持该原则应注意以下几方面的问题。

(1)全面了解运动员的个人特点。根据运动员身体机能和心理状态的不同特点，对训练进行合理安排。如在性格方面，外向的运动员要多用强烈的语言刺激，反之，则多采用缓和的语言教授；身体素质好的运动员应多采用专项训练，反之，则多采用一般性的训练；训练水平高的运动员负荷量相应增大，训练水平低的运动员则要施加较低的负荷量；对理解能力较强的运动员可进行一些必要的讲解，而对理解能力较差的运动员或刚刚参加训练的运动员，则应多做动作示范和指导。教练员可通过形态、机能测试了解运动员身体情况，通过观察运动员的状态、对比成绩等方面，了解运动员的情况，从而采取有效措施，因人而异，因材施教。

(2)全队及个人的特点应在训练计划中反映出来，主要内容就是要有对个人的要求和对全队的要求，对于项目分工不同的运动员，应制订专门的训练计划，以满足实际需要。

(3)区别对待原则要始终贯穿到整个训练中，包括每次训练课和每次早操，除有共同要求外，都要针对运动员自身的不同情况提出要求，并采取相应的措施，处理好每个环节。

上述各项训练原则是相互联系的，训练中应认真地全面贯彻。

三、周期性原则

周期性训练，即在进行训练时，始终按照一定的周期循环，周而复始地进行训练。参与足球运动训练的运动员，其下一个训练周期的要求和水平都应在前一个周期的基础上有所提高。

通过周期性训练，运动员的竞技能力能够达到最佳的竞技状态，从而能够更好地适应运动比赛。竞技状态是通过长时间的训练培养出来的，我们将这个时期称为状态获得阶段。竞技状态形成后，可以稳定在一定的时期内，叫做竞技状态保持阶段。但是它有一定的保持时期，保持时期过后，竞技状态就会下降，我们称为竞技状态下降阶段。

在周期训练过程中，下一周期的训练目标应在前一周期的基础上有所提高。在训练过程中，还应注重训练方法、内容等的调整。

根据竞技状态的规律，我们能够确定足球运动训练的周期性。竞技状态是运动员获得优异运动成绩所表现出来的最适宜的准备状态，它离不开长期的刻苦训练。这一发展过程主要有三个阶段。

第一阶段：形成阶段。经过较长时间训练，引起运动员机体适应性的变化，机体能力、身体素质、心理品质和专项技术、战术不断得到提高，从而形成了统一的、具有专项化特征的竞技状态。

第二阶段：保持阶段。竞技状态属于稳定期，在参加比赛时，能够充分发挥出运动员的运动潜力，创造优异的成绩。

第三阶段：消失阶段。由于长时间的训练，很容易造成疲劳的积累，从而使得运动员各方面的身体机能都处于衰退趋势，因此需要一个恢复的阶段，达到消除过度疲劳的目的。由此可看出，竞技状态的发展和疲劳之间的训练，形成了一个训练周期。可以经过不断的调整、恢复、训练的过程，达到新的训练周期。

在周期性训练过程中，三个阶段是相辅相成的，三者相互衔接从而形成了一个周期性的循环。根据竞技状态发展的这一规律，运动训练过程也应周期性地予以组织实施。依据以上竞技状态的规律来遵循周期性原则，需要注意以下几个问题。

（1）划分训练周期时，为加强基础训练，准备期计划时间应较长些。竞赛期应根据比赛的具体情况来安排时间。休整期应尽可能与期终复习考试时间一致。休整期仍应坚持适量的训练，假期可安排较大负荷的集训。

（2）足球运动训练应重点训练身体素质和基本技术，承担比赛任务的运动员，应全身心为比赛做好准备，对平时非主要的比赛，可用训练的心态迎接，这一环节应特别重视，从而使整个计划具有完整性和系统性。

（3）周期结束时，总结经验非常重要，要抓住主要问题所在，分析、解决及改进问题，并根据训练的总体目标，合理安排下一周期的训练，使其能在前一周期训练的基础上，提高运动员的训练水平。

四、全面性原则

全面性原则是指在训练中，运动员在发展专项运动技能的前提下，对各项素质作出全面的安排和发展，通过发展和提高一般身体素质进而提高运动水平。训练的全面性原则的依据主要表现在以下几个方面。

（1）只有全面发展的运动素质和全面提高的身体机能能力，

才能为获得高水平专项运动技术水平奠定基础。

(2)人体各器官系统之间是相互依赖的,任何运动项目的训练过程,人体产生的各种变化都是相互依存的,运动者各项运动素质的全面发展有助于其不同运动素质之间的良性迁移,从而有利于运动员的运动技术与战术技能所要求的机能能力的全面发展。

(3)只有在一定条件基础上,才能使运动素质和运动技能发生转移,专项运动素质和技能的形成需要有一般运动素质作为基础。也就是说,只有运动的各项素质得到全面的发展,才能为运动专项技能的学习创造条件。

五、直观性原则

直观性原则是指在足球运动训练中多采用直观的方法,让运动员通过视觉、感官,建立正确的动作表象,从而提高运动员的足球技术水平。直观性原则主要是根据人们认识事物的普遍规律而定的。人们正确的认识事物,必须经历直观到抽象、感性到理性的认识过程。在足球训练过程中,一般都是沿着直观(具体、生动的思维)、实践(建立动作表象,了解和学习技术要点)、建立概念(形成抽象思维)、学会和掌握动作技能的思维认识程序进行的。直观的感性认识在这一过程中具有重要的意义和作用。

足球训练的每个环节中,运动员对动作的理解都要通过各种感觉器官获得,其获得的形象化认识有利于提高运动员所掌握的技能,一般要注意以下几点。

(1)注重在初期多采用示范训练。足球运动初期的训练中,教练员应多采用示范的训练方式,正确示范与错误动作示范相结合,并且注意完整示范与分解示范相结合。如果技术动作相对较难,应对运动员多帮助和保护,使其快速地建立动作表象。

(2)利用挂图、现代影像技术等直观方式。观看技术动作标准运动员的示范，并让他人积极模仿，感知动作技术的完整与规范性。

六、一般训练与专项训练相结合原则

在足球运动训练过程中，要坚持一般训练与专项训练相结合的原则。采用一般性的训练，能够促进与动员身体素质、运动机能等方面的全面提升，促进其身体的全面发展；通过进行专项训练，能够有效发展与足球运动相关的体能素质以及技战术能力，促进其专项技能的有效提高。

之所以在训练中要坚持专项训练与一般训练相结合，主要是因为，中枢神经调整人的整个身体，身体素质与技术动作之间，是相互影响、批次制约的关系。因此，运动员如果具有良好的一般训练基础，身体素质会得到全面、协调的发展，从而为掌握更多的技术动作做好了相应的准备。具体而言，在足球训练过程中，坚持一般训练与专项训练相结合的原则应注意以下几方面的问题。

（一）科学安排训练比重

确定一般训练与专项训练的比重，首先要根据足球专项的特点来安排。对难度大、技术复杂的动作，一般训练的比重可相对少些，专项训练的比重可大些；对技术、战术都比较复杂，体力要求也较高的动作，则两者比重可较为接近。

参加训练的初学者，主要进行一般训练，以后随着年龄的增长，水平的提高，一般训练的比重可适当降低。足球运动员在基础训练阶段，主要进行一般训练，打好各方面的基础，待到熟练掌握后，逐步进行专项训练。在专项训练的初期，专项训练也要具有多项性质，逐渐过渡到单一专项，而在整个专项训练阶段，一般训练仍要保持适当的比重，并根据训练实践的变化，及时调整两者的比重，使之处于最佳状态。

(二)一般训练的内容要合理

一般训练的内容要注重基础性和实效性,其结构应具有足球专项的运动特点,以便更容易将这些训练的效应转移到足球运动中去。例如,对速度、力量项目的运动员,一般训练应选择动作快、爆发力强的。在基础训练阶段,一般训练应围绕打好身体和技术基础的任务进行。

(三)重点难点要安排妥当

要始终将训练安排、主要任务、重点难点贯穿到足球运动训练的各个阶段中去。一般训练主要目的就是要打好基础,因此要根据这一目的安排内容;专项训练则应根据专项的特点和需求进行安排,并应体现出各专项的特点,要在全面安排的基础上,突出重点,明确目的,力求精练,以获得最佳效果。

(四)运用丰富多样的方法、手段

一般训练与专项训练的形式方法要符合运动员身心发展的特点。增强趣味性和多样性,既可以分别进行,又可以相互结合;可整套练习,也可循环练习;可专门安排一般训练课,也可在早操或训练课中安排一定的内容,使两者有机地结合起来,提高训练的实效。可采用重复、变换练习法,也可适当采用游戏、比赛的方法。

七、合理安排运动负荷原则

合理安排运动负荷原则要求在进行运动训练时,应根据运动员机体的生理特点,遵循人体机能训练的适应规律,循序渐进地加大负荷量,并将不同强度的负荷量有效结合,保证良好训练效应的积累。

合理安排运动负荷量对足球运动训练有着积极的影响，因为有机体是随着适宜负荷的变化而变化的。足球运动训练表明，负荷量强度的大小是提高机能水平的关键因素。如果负荷过小，达不到相应的应激反应；负荷过大，机体则会出现劣变现象，导致伤病发生。

要根据人体适应的规律合理安排训练负荷和训练任务。人体适应规律是运动负荷对人产生的效应。一般认为，运动训练的负荷量越大，则对机体的刺激程度也就会越深，从而引起的刺激反应也就会相应的越激烈，从而使得机体产生更加明显的变化，其技能水平提高迅速。训练时期不同，其负荷量也不尽相同。准备期任务是掌握技术、全面发展运动素质、提高人体竞技能力，这一时期的负荷量和节奏都要有所增加，但强度要适中；比赛期负荷强度要增到最大，负荷量相对减少；过渡期主要是恢复阶段，这一阶段的负荷量和负荷强度一般相对较小。

在足球运动训练过程中，贯彻合理安排运动负荷原则应坚持以下几点。

（一）客观制定运动负荷

运动负荷要根据运动员训练水平而定，并通过训练，稳步加大训练负荷，达到相应的训练目标。首先要根据运动员的年龄、技术水平，合理安排负荷；其次掌握好负荷的节奏和强度。在一次大负荷训练后，应有足够的时间恢复，并在今后相应调整训练强度。在训练中还要综合考虑运动员的营养、作息和恢复等问题。

（二）正确处理负荷与恢复之间的关系

一定的负荷训练会造成相应的疲劳积累，因此要保证一定的恢复时间，保证机体得到充分的恢复和超量恢复，为下次训练做好准备。负荷量一般是指运动训练对机体刺激的量的大小，一般以时间、次数、距离、重量等作为指标;负荷强度是运动训练对机体刺激的深度,一般用远度、高度、速度等作为指标。负荷量和负荷强度是统一的整体,彼此互相影响,关系紧密。负荷量以负荷强度为基本条件,任何负荷的强度又都以一定的量为基础。

(三)有节奏地逐渐安排负荷

在运动训练过程中,运动员会对训练负荷产生一个适应的过程,各方面的适应并非是同时进行的,所以要逐步提高,由小到大,有节奏地安排,采用大、中、小负荷相结合,不同性质的负荷交替安排,使负荷波浪式地发展提高,以获得良好的训练效应。

(四)正确处理负荷量与负荷强度的关系

在一个大周期的训练中,一般是准备期优先增加量,中期阶段要加大负荷量,后期阶段逐渐下降,总体呈波浪形发展。同时开始较大地提高强度,在准备期的后期达到较高水平。

在竞赛期,强度继续提高,并达到周期训练的最高峰,以迎接重要的比赛,与此同时,负荷量要降到最低。如果竞赛期较长,则中间可适当降低强度,增加量,然后再降低量、提高强度,达到强度的第二个高峰。后期恢复时,量与强度均呈急剧下降趋势,使运动员得到很好的休整。

在安排运动训练负荷时,还应考虑运动员的营养状况,以及生活和其他活动的负担等情况。

八、细节性原则

在制订训练计划时,教练员还应遵循细节性原则。认真制订训练计划,将计划细化为训练的实施细则。训练的细节,要有严格细致地要求，并认真贯彻到训练中去，做到一丝不苟。对于青少年运动员而言，其正处于运动能力的敏感期，这一阶段也是打好基础的最佳时期，因此足球训练必须从细做起，精益求精，打好基础。

在足球训练过程中，抓细节是为了纠偏正错，防微杜渐，使运动员的身心都能够健康发展，从而达到理想的训练效果。通过抓小抓细，不断修正其对足球认识上的偏颇和意识上的偏差，不断改进训练中的差错，弥补能力上的差距，从而使足球运动员形成正确的足球观和良好的足球习惯，为提高训练水平创造良好的条件。

第五节 现代足球训练的方法

一、重复训练法

重复训练是指按照固定不变的动作结构和负荷量，重复进行训练，形成固定的条件反射，从而使技术动作定型。足球运动训练中，重复训练法比较常用，对于掌握与提高技术、战术，全面发展身体素质，培养意志品质等方面都有着积极向上的作用。

重复训练法的间歇时间有严格的规定，一般都是在运动员身体完全恢复的状态下进行训练。因此，重复训练法适用于强度大的训练，强度可达极限强度的90％以上，在发展最大速度、最大力量的训练中常运用此法。

在足球运动训练期间重复训练要注意以下几个方面。

(1)在训练过程中，其技术动作应达到一定的标准，不能因为过高的负荷强度而降低动作的标准。在训练中要保证一定的重复次数，主要是为了巩固和掌握技术动作。如果在训练过程中运动员连续出现错误，则应停止进行训练。

(2)在训练过程中,一方面要保证训练的次数,另一方面还应循序渐进的提出高要求,使运动员能够在较困难的条件下保证技术动作的正确性、熟练性。

(3)在身体素质训练方面,在基本掌握练习的基本动作基础上,应采用简单实用的训练方法,在确定负荷强度、重复次数时、练习数量,要具体情况具体安排。对初学者作出负荷量较小的安排,并在练习之间安排较充分的休息时间,随着训练水平的不断提高,逐步加强负荷强度、重复次数和训练次数。

(4)采用重复训练方法时,要有明确的目标和训练的积极性。重复训练法就是一个动作反复练习,这很容易使人产生逆反心理和注意力不集中问题,影响训练的效果,因此要求在训练时灵活掌握一些方法,如游戏等,以提高运动员对重复训练的兴趣。

二、变换训练法

足球运动训练过程中有目的地变换单个动作结合、练习的负荷(运动量、运动时间、运动频率等)以及变换训练的条件、环境等的方法称为变换训练法。在枯燥和训练强度较大的情况下,合理的采用变换训练法,有利于提高运动员的运动兴趣,并对神经调节和训练效果有很好的帮助。应用变换训练法,负荷的变换、条件的改变和动作组合的改变都要具有渐进性,不能要求过高或是变化突然,要逐步地进行训练。

常采用的变换训练的方法有:改变动作组合、改变负荷、环境的变换和改变练习条件。

(一)改变动作组合变换训练法

改变动作组合变换训练法多用于技术训练,特别是足球中技术动作多、组合方式较为灵活多样的训练。采用这种训练法对提高动作的衔接能力具有重要的意义,同时对多样的技术动作要求更高，运动员可以通过多种感觉的获得，来提高机体神经调节的能力。

（二）改变运动负荷变换训练法

根据具体情况改变运动负荷训练方法，其主要目的就是提高机体对不同负荷的适应能力。它可用于发展足球专项速度耐力，常采用慢跑与冲刺跑相结合的负荷训练。

（三）改变练习环境和条件变换训练法

分别是改变练习环境和改变练习条件两种训练方法。改变练习条件的训练法，如改变干扰条件、场地器材条件、不同技术特点的对手在对抗条件下练习以及有无对手的条件等。这种训练的主要目的就是让运动员适应条件变换的能力，将身体素质和技术能力在不同的条件下都能够发挥稳定。改变练习环境的训练法常用在适应比赛环境的训练方面，如根据比赛地点的情况，寻找相似的地方进行训练。

以上三种变换训练法，对运动员有效提高机体对比赛的适应能力有很大的帮助，对提高身体素质及改进提高足球运动技战术也具有明显的效果。此外，还有利于培养运动员的各种运动感觉，克服练习时所产生的单调枯燥感，提高训练兴趣和训练积极性，也有利于缓解疲劳。

足球运动在进行变换训练时应注意以下几个方面。

(1)变换条件训练时，应灵活地进行考虑，根据情况合理安排，要有利于技术、技能的巩固和身体素质的发展。

(2)在进行变换训练时，应有目的地进行变换训练，根据具体目标变换技术动作的组合、练习环境、运动负荷和条件等。

(3)在进行技术训练时，变换训练的要求达到后，要迅速恢复到正常的训练。纠正错误动作，避免由于变换条件训练形成的与正式比赛的要求不相适应的动作定型。增加或减少训练调整间歇的时间和重复次数。

(4)随着训练水平的提高,应逐步增加训练的数量,提高每次训练的强度。

三、循环训练法

循环训练法要求运动者根据技战术训练的具体任务,把按预先设计的多项活动内容设计成若干个站,在训练过程中使运动者按照一定顺序一站一站地进行练习,运用循环练习的方式周而复始循环往复地进行练习。一般的,开始时先练一个循环,过 2～3 周再增加一个循环,逐渐增加到 3～4 个循环,但最多不得超过 5 个循环。一次循环中应包括 6～14 个不同的练习,每个练习间歇为 45～60 秒钟,每个循环间歇为 2～3 分钟。该方法对刚刚参与技战术训练的运动者较为适用。概括来讲,循环训练法的作用主要表现在以下三个方面。

(一)训练站的内容和数量根据训练目标确定

由于训练具有连续性,因此训练的内容应是运动员都已熟练的基础技术,并能很好地突出重点、难点。各“站”的练习应保证训练任务的完成,并应是运动员已经掌握的动作。其中应以某一站或某几站为重点,要保证重点站的训练效果。

(二)训练负荷根据不同特点确定,区别对待

练习负荷的安排要从每站练习的强度、数量、循环次数、间歇时间等全面考虑。每站的负荷一般为运动员所能承担最大负荷的 1/3～1/2。循环一周的时间为 5～20 分钟,各站之间间歇一般为 15～20 秒。

(三)组合和变换循环练习的形式

在实际训练中,可根据运动员的不同情况采用不同的循环练习方式,如流水式,即一站连一站的练习,轮换式,即将全队成员分成若干组,各组在同一时间内练习同一内容,按规定时间一组一组的轮换;分配式,即设立多个练习站,可多达十几个,然后按运动员的具体情况来分配训练次数和训练内容。

四、间歇训练法

所谓间歇训练,具体是指重复练习之间按严格规定的间歇时间休息后再进行练习的方法。训练中练习间歇时间的长短,取决于训练的目的、强度、运动员的训练水平和身体状况。每次练习的数量、练习的负荷强度、重复练习的次数(组数)、休息方式和间歇时间是构成间歇训练法的五个基本要素。

在训练中,根据超量负荷原理,可通过提高每次练习的强度,增加练习的重复次数和调整间歇时间。要科学、合理地制定间歇时间,并且要使训练负荷与运动者所能承受负荷的能力相符合,运动负荷过大或过小都不利于获得良好的训练效果。需要注意的是,在机体尚未完全恢复时,运动者就必须要进行下一次练习。

运动员采用间歇训练法参与技战术训练,不仅能有效地提高呼吸机能,提高机体糖酵解能力和耐乳酸能力,还能在练习期间及中间间歇期间使运动者的心率保持在最佳范围之内,有助于提高和改善运动者的心脏泵血功能。

足球运动训练时,间歇训练要注意下几个问题。

(1)要根据训练任务安排间歇训练的方案。间歇训练法是由五个要素组成:即每次练习的数量、重复次数、间歇时间、每次练习的负荷强度及休息方式。它们之间联系密切,因此在变换或调整某一要素的参数时,要充分考虑到其他因素的影响。

(2)某一间歇训练方案确定后,要经过一段时间的训练,在运动员适应和逐步提高后,再根据训练任务和具体情况,适时地进行调节变换。

(3)间歇休息时要安排轻微的活动,这种轻微活动有利于加速血液循环,帮助排除代谢所产生的废物。

五、竞赛训练法

竞赛训练法是指足球运动员通过竞赛或者游戏方式进行训练的一种方法。它是一种训练手段,也是检查训练效果的最佳方法,而且能有效地提高运动员创造性地运用知识、技战术的能力以及提高身体训练水平,有利于培养运动员的实战能力和应变能力。

根据训练目标,在足球运动训练中,常用的训练法包括训练性竞赛、游戏性竞赛、测验性竞赛、适应性竞赛和身体素质竞赛等。在足球运动训练中,竞赛训练要注意以下几个方面。

(一)注意运用时机

采用竞赛训练方式时,教练员要发现运动员的个人特点并引导其向正确的方向发展,做到秉公执法,严格执行比赛规则,提高其自我控制能力,培养优良体育作风。另外,在足球运动技能尚未形成之前和疲劳时不宜采用竞赛法,以免影响固有的技术动作,同时防止运动事故的发生。

(二)负荷要适宜

在竞赛训练中,情绪与兴趣激发的同时,能量也消耗的较多,并且不容易调节和控制。因此,在竞赛训练中,要根据专项的特点,选择适合的方法,并注意负荷量的掌握,在不影响内容和目标的情况下完成训练。

六、持续训练法

在训练的过程中，为了保持有价值的负荷量而不间断地连续进行运动的方法叫持续训练法。此方法要求负荷强度较低、负荷时间较长、无间断地连续进行运动。持续训练时间的长短，同样要根据负荷价值有效范围确定，通常认为在140次/分左右的心率下持续训练20～30分钟可使机体的各个部位都长时间地获得充分的血液和氧的供应，因而能有效地发展有氧代谢能力，发展耐力素质。在足球运动训练时，采用持续训练要注意以下几点。

（1）由于持续训练的时间较长，练习量较大，因此强度不应太大。一般情况下，心率控制在130～160次/分钟之间，并以恒定的运动强度，对一般耐力的发展有良好效果。若要提高专项耐力，则可以提高强度，持续适当的时间。

（2）在训练期或休整期，采用中小强度进行持续训练，是为了发展或保持一般耐力水平。

七、综合训练法

综合训练法是指把重复训练、循环训练、变换训练等各种训练法结合起来运用的一种综合性训练方法。在训练实践中，各种训练方法并不是单一存在和使用的，因此，综合训练法的应用比较普遍。

综合训练法可以对运动者的训练负荷与休息进行灵活调节，并使其能够更好地达到训练的要求，从而使运动员的运动素质得到有效发展，进一步提高其运动技术水平。

随着现代科学技术的进步，训练方法不断推陈出新、日新月异。目前，借助新的科学理论（如系统论、控制论、信息论等），运用新的模式的训练方法被不断提出，并在训练实践中得到应用。

足球运动训练中，根据训练任务的需要，把上述各种训练方法加以不同的组合，能够起到良好的训练效果。这种综合的训练方法，其特点和作用如下。

(1)不同训练方法相结合，能全面、有效的提高身体素质，使运动员能更好地适应多种训练任务和内容的要求。

(2)技术与素质训练相结合，增强比赛的适应能力。

(3)能灵活地调节运动负荷，从而能有效地取得综合性的积累效果，而且不易疲劳。

(4)有利于按运动员训练水平区别对待，由于这种训练方法具有上述特点与作用，故在足球运动训练中被广泛采用。

第六节　现代足球训练的计划

一、多年训练计划的运用

(一)多年训练计划的概念与特点

多年训练计划是为完成运动队的预期目标而制定的长远总体规划，对球队的长期训练有非常积极的指导作用。年度计划和阶段计划的制订都要以多年训练计划为主要依据。多年计划年限的确定，都是以球队性质和预期目标为主要依据的。通常情况下，多年计划的训练周期为两年、三年、四年。

多年训练计划是对球队在多年训练的年限内全面训练工作所作的长期性的总体规划，是具有全局意义的战略性框架式最上位的计划。

(二)制订多年训练计划的基本步骤

在制订多年训练计划时,可以按照以下步骤进行。

第一步,对全队现状进行客观、全面的分析。通过对队员进行全面的观察和了解,对全队构成、技战术水平、身体素质状况、文化程度、年龄结构及其思想作风等基本情况认真、细致的分析,对全队作出客观的现状评价。

第二步,将训练的指导思想及预期的训练目标任务明确并提出。首先,以足球的基本发展情况、队员本身的实际情况以及训练的任务和目标,将训练指导思想确定下来。其次,要遵循"从实战需要出发"这一核心原则,建立科学、客观、合理的足球训练目标和任务。

第三步,将训练分段以及各训练阶段的主要任务与重点内容确定下来。多年训练计划可以分为全程性多年训练计划和区间性多年训练计划两种。训练分段及其主要任务和重点内容在这两种形式中的不同阶段得到了充分的体现。足球全程性多年训练通常可以分为四个阶段:一般包括基础训练阶段(3～5年)、专项提高阶段(4～6年)、最佳竞技阶段(4～8年)以及竞技保持阶段(2～5年),这四个阶段的训练任务和内容都有一定的区别。区间性多年训练计划,也应依此按年度反映。

第四步,对足球运动训练负荷与比赛序列进行科学、合理的安排。在全程性多年训练中,不同的训练阶段对训练负荷的要求不一样。比如,基础训练阶段中,要循序渐进地安排训练负荷,注意训练负荷不要过大;在专项提高和最佳竞技阶段,应该以一年为单位逐渐增加训练负荷,并不断向负荷极限逼近,使负荷在高水平区间起伏;在竞技保持阶段,足球运动的训练负荷应该保持强度、恰当减量。对区间性多年训练计划负荷的安排,主要有两种形式,一种是以一年为周期,在周期内和周期间波浪式地增加训练负荷;另一种是在专项提高阶段的区间性多年训练阶段采用逐年增加负荷的安排。

第五步，将计划完成情况的检查措施进行初步的拟定。这方面的检查措施可以结合考评制度、奖罚措施与达标进度等方面来进行选择。

二、年度训练计划的运用

(一)年度训练计划的内容

年度训练的总任务是根据足球运动员的基本情况，通过对上一年足球运动训练进行总结的基础上而提出的运动素质、技术、战术等各项训练指标和参加比赛的成绩要求，以及训练工作的检查、监督等措施以保证总目标的实现。因此，全年训练计划应包括以下内容。

(1)运动员的运动起始状态。教练员或教师应对运动员的初始状况深入了解，这样才能够制订科学的训练计划。

(2)确定足球训练的任务与指标。明确训练目标和任务后，在具体的训练工作中才有努力的方向。

(3)确定足球训练的内容。训练内容应能促进训练目标的实现。

(4)划分足球训练的阶段。进行训练阶段的划分，在此基础上提出各阶段的主要训练任务。

(5)合理安排不同阶段的训练负荷，使之与运动员运动水平的发展及足球运动比赛相适应。

(6)合理选择训练方法和手段。训练方法和训练手段决定了训练目标的实现状况，因此应慎重选择。

(7)制定训练恢复措施。合理的恢复措施是良好训练效果的保证。

(8)规划检查评定运动员运动训练效果。

(二)制订年度训练计划的基本步骤

第一步,对全队情况进行全面分析。需要对全队初始状况或上一年度训练的进展情况以及存在的问题有一个较为全面的了解和认识,并且对目前球队在技战术、身体、思想作风等方面的实际状况进行较为细致的分析。

第二步,对科学合理的训练指导思想和当年的奋斗目标确定并提出。要以我国足球训练方针为前提,提出科学合理的本队训练指导思想。在确定奋斗目标时,要充分考虑的因素主要包括:当年力争达到的训练效果、能力水平和比赛成绩等。

第三步,使训练的任务内容和主要手段更加明确。在确定训练任务时,要充分考虑身体素质发展、技战术能力以及作风培养等方面,并且将这些方面的主要内容详细列出,另外,训练任务的确定还要充分反映本年度的训练特点。对于训练手段的确定,一是要符合任务内容,二是实效性要强。

第四步,合理划分训练阶段并使阶段任务内容得到科学合理的安排。进行训练阶段的划分时,要根据全年拟参加的 1～2 个主要比赛确定 1～2 个训练周期,并且将每个周期分为三个阶段,即准备阶段、竞赛阶段和过渡阶段,各个阶段具体的实践要根据实际需要而确定。在训练阶段划分完之后,要将各项内容分别在各阶段中列出,具体包括:阶段所处月份、训练时数和课数、主要训练任务、各项训练内容百分比,以及负荷量和强度水平指标等。

第五步,使训练效果检测与保证措施得到有效制定。可以通过考核、测评和统计等措施来制定效果检测,需要注意的是,内容、项目和指标都应在训练计划中列出。保证措施的制定主要是从有利于完成年度任务的角度多方面综合考虑而进行的。

三、阶段训练计划的运用

阶段训练计划的制订要保证各个时期任务的完成有利于各个时期训练的自然衔接和及时调整。其主要是指全年训练计划汇总特定时间范围内的训练。一般可将其分为两种基本的类型,一种为全年训练计划的有机组成部分,另一种则是中短期的临时性集训。

(一)大周期阶段训练的结构和内容

1. 准备期

准备期对于全年的训练有着极为重要的意义。准备期可分为两个阶段,即一般准备阶段和专项准备阶段。一般准备阶段的目的是完成一般身体准备,改善技术和基本战术,主要是提高身体能力。专项准备阶段是向赛季的过渡。这一阶段的训练更为专项化,主要是提高专项竞技能力与水平。

2. 比赛期

比赛期的主要任务是完善所有的训练要素,形成最佳竞技状态,参加重大比赛。比赛期可以分为两个基本阶段,即赛前阶段和重大比赛阶段。赛前阶段是在正式进入赛季和准备参加重大比赛前,从准备期进入到比赛期的衔接阶段,在这一阶段,运动员在体能、技术、战术和心理等方面进行专门训练,为参加大赛作准备。比赛阶段是指进入正式比赛的这段时间,主要任务是保持最高竞技状态,争取优异成绩。

3. 过渡期

过渡期是指从比赛结束到下一周期开始训练的这段时间。它的主要任务是防止出现过度疲劳,防止耗竭机体的适应的可能性，以及借助于积极性休息恢复这些可能性，保证前后两个训练大周期之间的衔接。

（二）赛前中、短期集训阶段训练的结构和内容

为准备某些特定的比赛，要组织赛前集训。这种赛前的中、短期集训，通常为几周至两三个月。赛前中、短期集训的内容和计划，具有较为鲜明的特点。

1. 阶段集训计划的结构及负荷特点

大多数情况下，可将中、短期阶段集训看做是若干个周训练的组合。这些周训练过程，既有各自明显的特点，又彼此联接，共同组成一个统一的阶段训练过程。

2. 集训中的区别对待

对集训前一直系统坚持训练的运动员，中、短期集训应该被看作是系统的全年训练的一个组成部分。对那些没有经过系统训练的队员，在制订训练计划时，应以中等程度的运动负荷为主，只有在能够保证有足够的时间得到必须恢复的条件下，才可以安排带有强化性质的运动负荷。对一些长期间断训练的老运动员，应以适应性及诱导性的训练为主，注意负荷安排的循序渐进，使身体机能尽快地适应一定强度的负荷。

四、周训练计划的运用

（一）周训练计划的内容

（1）足球运动周训练的总体任务。

（2）周训练总体时间、课次数。

（3）每天、每次课的训练任务、内容、时间与要求。

(4)每天的运动负荷规划。

(5)每天的恢复措施安排。

(6)测试训练结果的安排。

(二)制订周训练计划的基本步骤

第一步,将训练任务明确下来。在不同的训练阶段,每周的训练任务都是不一样的,而且即使是在同阶段的一个周中,训练内容也是具有延续性和递进性特点的,因此,应该将具体的训练任务明确下来。

第二步,将训练次数与时间确定下来。每周训练次数要以运动员的实际水平为依据来确定。通常情况下,5～9 岁处于基础训练阶段,此时可定为每周训练 3～5 次;9～13 岁属于提高阶段,训练次数可定为每周 5～8 次;13～17 岁属于高水平阶段,训练次数可定为每周 8～12 次;18 岁以上属于最高水平的训练,训练次数可定为每周 8～20 次。周训练的时间要落实到每次课训练时数。

第三步,将训练内容确定下来。在周训练内容中应将技战术、身体、心智等训练内容进行科学合理的安排,具体可以根据实际需要,侧重于某一方面的内容。

第四步,将运动负荷确定下来。周训练负荷的合理安排,主要是指应大、中、小有机结合,使负荷量与负荷强度呈波浪式变化。

第五步,将训练手段与方法确定下来。训练手段和方法的科学选择,应以所安排的训练内容及负荷要求为主要依据。并且保证通过相应的训练手段和方法完成训练任务。

五、课时训练计划的运用

训练课是各项训练计划完成的重要保证,各项训练目标的实现都需要具体贯彻到训练课之中。足球课时训练计划要严格按照足球周训练计划的要求展开，将各种训练手段、方法等付诸实践。

（一）训练课计划的内容

因足球训练内容根据总计划（年度训练或周期训练）的安排而有所不同，因此常见的训练课计划的内容有以下几类。

（1）体能训练课：其特点是发展身体素质，提高身体机能。通过身体训练，提高一般身体素质和专项身体素质，先安排一般身体训练，后进行专项身体训练。先速度、爆发力，后力量、耐力。

（2）技术训练课：其主要任务是学习、掌握、改进、巩固各项基本技术动作，提高各项技术动作质量与各种变化组合应用能力。

（3）战术训练课：其主要任务是攻、防战术的局部与组合练习以及对抗练习，为实践创造有利条件。

（4）综合训练课：在一次训练课中，包含了体能训练，技术、战术训练，有时还进行比赛对抗。综合训练课通常是在一项内容中包含其他项内容，多项内容同时进行训练。

（5）比赛训练课：以比赛的形式进行训练提高。通常比赛训练是通过各种对抗练习、特定规则的比赛、交流比赛、热身赛等方法训练技术运用能力和灵活贯彻战术配合的能力。

（6）调整训练课：一般安排在训练的过渡阶段，或是一个阶段的大负荷训练和激烈比赛之后。通常调整训练课的负荷会较小，其主要任务是通过减轻运动员的负荷等手段来消除运动员的疲劳。

无论是何种类型的足球运动训练课，都应包括以下基本内容。

（1）足球运动训练课准备活动的内容、分量与要求。

（2）训练课基本部分的训练内容，分量与时间的安排及具体要求。

(3)训练方法和手段的选择与运用。

(4)分配训练课的时间和组织课的各部分工作。

(5)安排训练课结束部分的整理活动内容、分量与要求。

(6)小结(布置课外作业)。

(二)制订课时训练计划的基本步骤

第一步,将训练课的任务确定下来。通常,训练课的任务包括很多方面的内容,比如身体素质、心理素质、技战术、比赛等,而足球训练课的任务则是比较灵活的,单一也可,综合也可。一般情况下,都会只确定 1～2 个主要任务,其他则主要围绕这一两个任务进行,具体来说,还要以学习、掌握、巩固、改进、提高和发展等性质为主要依据进行有针对性的选择。

第二步,以课的结构为主要依据来对练习内容和时间进行科学合理的安排。从理论上来说,训练课的结构大致由四个阶段构成,即开始、准备、基本和结束阶段;在实践运用中,通常将开始和准备合并起来运用,就成了三段式结构。准备部分的内容主要包括例行课堂常规及一般性和专门性热身的准备活动,通过这部分的准备,时间可以根据个人情况和实际需要而定,能够达到为足球运动员进入基本部分的训练做好身体和心理上的准备的目的。基本部分是完成本课任务的主要环节,其主要的训练内容包括:技术、战术、身体素质几个方面,这部分训练的时间应以 15～30 分钟为宜,占全课时间的 80%。结束部分主要是通过有效的整理活动达到消除疲劳的目的,主要内容包括:全身性伸展、放松慢跑、深呼吸运动及专门性放松活动(如抖动肌肉、按摩等),时间通常为 5 分钟左右。

第三步,确定科学的训练课组织形式。训练课的组织形式的确定,应该以本次训练课的任务和队员的技术能力、位置、实战需要等情况为主要依据,另外,一个科学合理的训练组织形式,还要符合充分发挥教练员的指导才能与作用,能尽量利用场地器材和本次课时的要求。只有符合以上几方面要求的组织形式，才能取得较为理想的课堂训练效果。

第四步，对课的运动负荷进行科学合理的预计。

全课运动负荷应该以周训练计划的负荷为主要依据，结合足球运动员体能恢复实际情况来进行预计。在预计本堂课的运动负荷时，应该充分考虑这些影响因素，包括：全课的负荷量变化曲线、平均负荷、大负荷高峰出现的次数和时间及持续时间、课中的调整与恢复，以及结束部分的放松和恢复。对于训练任务不同的训练课，应根据其主要特点来对运动负荷进行较为准确的预计与选择。比如，在以对抗为主的综合性大负荷的足球训练课中，其运动负荷应该接近于正常比赛的负荷。

第五步，对于所需的场地和器材要做好积极的准备和计划。

首先要对足球训练课的内容、手段与方法进行较为充分的了解，并以此为依据，做好场地画线、需用球门数、标志物、号码衣等器材品种、数量的准备与布置等方面的准备。

第六步，将检评方法拟定出来。

在训练课中，要对场地进行记录与统计，并对训练课的时间、技术动作次数以及运动距离等着重进行定量检查，除此之外，还要定性评价对抗活动的激烈程度与效果等，这样，往往能够达到有效控制足球训练课的目的。

第七步，完成课后小结（略）。

第四章 现代足球体能训练

体能训练是现代足球训练里的重要内容，是进行足球技术训练和战术训练的重要前提条件。良好的体能水平，能够为技战术水平的提高奠定良好的基础。体能素质通常分为两种，即一般体能和专项体能。本章主要对现代足球运动员的一般体能训练和专项体能训练进行详细地分析和阐述。

第一节 现代足球一般体能训练

一、足球一般力量素质训练

（一）足球一般力量素质训练方法

一般力量素质训练方法有很多，其中，比较常用的训练方法有以下几种。

1. 徒手下蹲跳

直立，双臂胸前交叉，直背抬头，双脚以肩宽间距站立。下蹲至大腿上面与地面平行或更低，利用大腿力量尽量高的向上跳起（图 4-1）。向下运动时呼气，向上运动时吸气，迅速下蹲。练习 2 组，每组重复次数为 15～30 次。

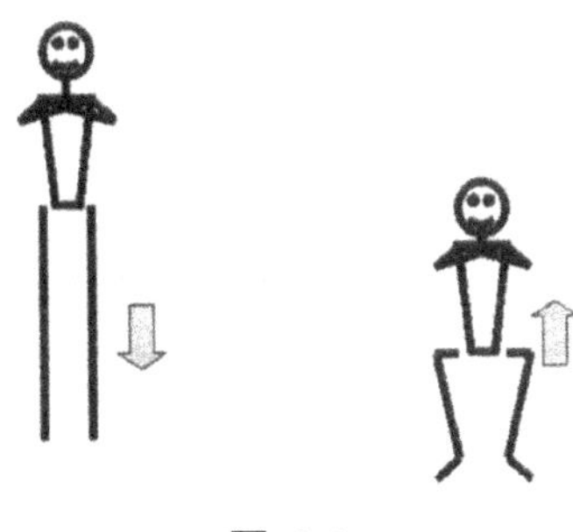

图 4-1

2. 伸髋

面对滑轮阻力钢索站立，将一只脚的踝关节固定在阻力钢索上。一只手在体前扶住固定物体，一条腿直腿尽量远的向后上方向摆。背伸直，不要向前或后弯曲（图 4-2）。向上运动时吸气，向下运动时呼气。练习 2 组，每条腿重复 5～15 次。

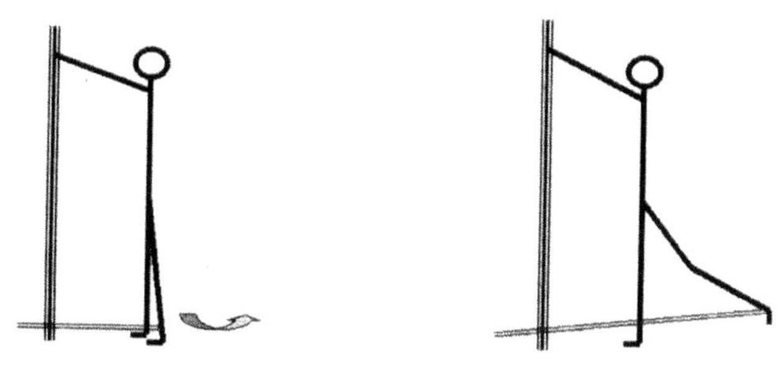

图 4-2

3. 伸背练习

双脚固定，在鞍马或高长凳上以髋部为支撑点下屈躯干至与地面垂直的姿势。将双手交叉于头后部，伸背至躯干与地面成稍高于水平位置的姿势（图 4-3）。提起上体时吸气，落下时呼气。练习 3 组，每组最多重复 15 次，或者增加负重后减少次数。

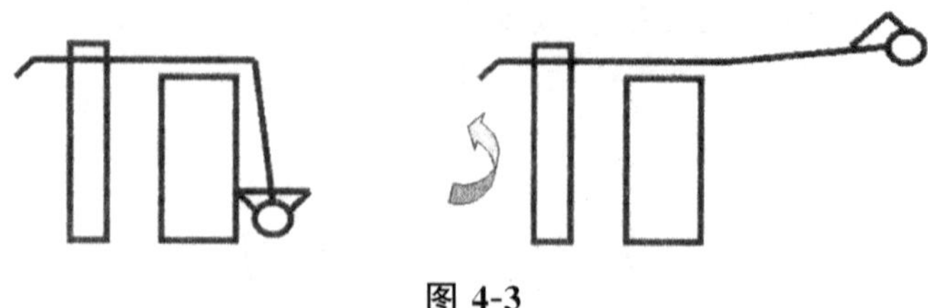

图 4-3

4. 斜板屈膝仰卧起坐

在斜板上仰卧，双脚固定稳定身体，双膝屈 45°，双手在头后，下颌贴胸。后仰上体直到腰部接触斜板（图 4-4）。提起上体，重复练习，上体后仰时吸气，坐起时呼气。练习 1～2 组，每组重复 25～40 次。

图 4-4

5. 宽握引体向上

双手掌心对前方，以较宽间距直臂握住头上单杠使身体悬垂。向上拉引身体，力图使下颌接触单杠，返回开始姿势。拉引身体时吸气，下降时呼气（图 4-5）。练习 3 组，每组最多重复 10 次，否则增加负重。

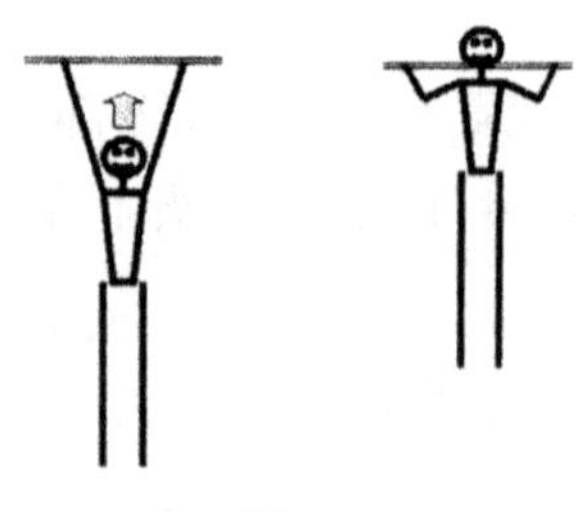

图 4-5

6. 窄握下压

在练习器械前直立抬头，双手掌心向下以较小间距握住阻力钢索的把手横杠。提起上臂至体侧并保持这个姿势，使用前臂沿半圆路线下压把手横杠（图 4-6）。下压时吸气，上抬时呼气。练习 2 组，重复次数为 10～12 次。

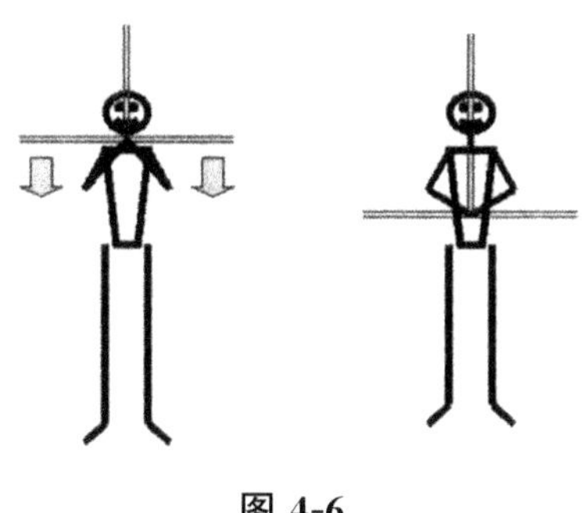

图 4-6

7. 垫高小腿仰卧起坐

仰卧，将小腿放在长凳上，大腿与身体成 45°夹角。将双手交叉于头后部，尽量高地提起上体。提起时呼气，落下时吸气。如加大难度，可在躯干适当负重，练习 1 组，重复次数 25～50 次。

（二）足球一般力量素质训练注意事项

在进行足球一般力量素质训练时，需要注意以下几个方面的事项。

（1）在进行足球一般力量素质的训练时，一定要处理好其与专项力量练习的关系。在发展全身力量的基础上，重点发展腿部和腰腹部力量。同时，要注意安全，防止伤害事故。练习前认真做好准备活动，练习中精力集中，在承受较大负荷练习时，要掌握正确的方法、要领，加强保护，从而使训练的安全性得到有效保证。

(2)要超负荷训练。只有在一定负荷或阻力条件下进行一般力量训练,不断增加负荷或阻力才能使一般力量素质得到较快增长。

(3)坚持经常性训练,并注意训练间隙。力量素质增长的快,停止训练后消退也快。因此,这就要求将经常性训练和训练间隙的关系处理好。通常情况下,每周安排 2～3 次训练,间隔以 1～2 天为宜。在发展肌肉力量,特别是爆发性肌肉力量时,应注意适宜的组间间歇,从而使造成疲劳或因疲劳而影响动作质量的现象得到有效避免。

(4)做好放松训练。良好的肌肉放松能力,能够使肌纤维具有良好的弹性,最大可能地减少肌肉阻力,使肌肉能源消耗有所降低,推迟肌肉疲劳的出现。训练时要按身体不同部位的肌肉交替穿插进行,同时注意安排放松练习。训练后要采取按摩、淋浴等必要的恢复手段,培养运动员自我放松的习惯。

二、足球一般速度素质训练

(一)足球一般速度素质训练方法

足球一般速度素质训练方法有很多,其中,比较常用的训练方法有以下几种。

(1)在活动情况下进行 5～10 米的突然起动练习。在小步跑、慢跑、高抬腿跑、侧身跑、颠球、顶球、传球等情况下,快速起动跑。

(2)进行 10～30 米的各种姿势的起跑训练。采用站立式、蹲踞式、侧身式、背向站立、坐地、坐地转身、俯卧、仰卧、滚翻后、原地跳跃(模仿跳起顶球动作)等姿势做起跑练习。

以上两种练习以视觉信号(如手势、球等)为宜,以提高反应速度和起动速度。

(3)做全速、变向、变速运球跑练习。

(4)做60～80～100米的全速跑、加速跑,提高位移速度。

(5)利用快速小步跑、高抬腿跑、下肢跑和牵引跑等练习,促使运动员突破"速度障碍",提高位移速度。

(6)在快速跑中看教练员手势,或抛球等信号,做急停、转身、跳跃、翻滚以及变向等动作。

(7)采用后蹬跑、单腿侧蹬跑、短距离转身跑、各种追逐球跑等,发展爆发力。

(8)提高动作速度的训练,包括以下几种:

①规定最高速度指标的练习,如在教练员限定的时间内快速完成传—接—传,运—传—接—射门等动作,以建立快速动力定型。

②提高肌肉感觉的快速精确分析机能练习,两人或多人一组,在连续奔跑中完成同一传接球练习。

③加大训练的密度,如在较小场地内做2对2、3对3的传抢练习。

(9)追球射门,要求两名队员为一组,可分为若干组在中圈外的中线两侧站好,利用两球门同时练习,球集中于中圈教练员脚下。当教练员将球向一个球门方向踢出时,两翼队员快速起动追球射门,要求未控球队员必须紧追持球队员,并在持球队员射门后向前跑至球门线处,以利于发展速度和加强补门意识。

(10)在长约20米的距离内,设置不同距离间隔和有方向变化的标杆或锥体,让队员以尽可能快的速度做绕杆跑,发展队员绕过对手的快跑能力。

(二)足球一般速度素质训练注意事项

在进行足球一般速度素质训练时,有以下几个方面需要注意。

(1)要在运动员兴奋性高、情绪饱满、体力充沛、运动欲望强时进行足球一般力量素质训练,这样,往往能够取得理想的训练效果。

(2)每次练习都要以最大强度进行，同时，还要对每次练习的时间和间歇时间加以注意。除此之外，在训练过程中还需要注意每次练习时间不应超过10秒，每两次之间应有适宜的间歇时间，以避免乳酸堆积的现象。

(3)力量和柔韧性会在一定程度上影响到快速能力，由于快速力量的生理机制和性质与快速能力是一致的，而柔韧性的提高能够使力的作用范围和时间有所增加，从而导致运动速度增加，因此，可以通过发展快速力量和柔韧性来达到提高足球运动员快速能力的目的。

(4)重视速度训练的敏感期，发展反应速度应抓好9～12岁的训练；发展位移速度应抓好男子7～14岁、女子7～12岁的训练。

(5)要对运动员肌肉在收缩前的放松引起足够的重视，这主要是由于其对于拉长肌纤维、减少肌肉粘滞性、节省能源物质有一定帮助，其有利于速度的提高。

三、足球一般耐力素质训练

提高足球运动员一般耐力素质的途径主要包括：提高运动员的摄氧、输氧及用氧能力，保持体内适宜糖原和脂肪的储存量，以及提高肌肉、关节、韧带等运动器官对长时间负荷的承受能力。

(一)足球一般耐力素质训练方法

能够发展和提高足球一般耐力素质的训练方法有很多，其中，比较常见的有肌肉耐力训练方法和有氧耐力训练方法，具体如下。

1. 肌肉耐力训练方法

肌肉耐力练习的内容与力量练习大致相同，不同之处在于负荷的强度较小，练习持续的时间、反复次数要长和多。

(1)仰卧起坐。仰卧两手抱头起坐，连续做 50 次为一组。起坐时要快，仰卧时要缓和，连续不间断进行。也可在起坐同时两腿屈膝上抬，收腹。

(2)连续引体向上或屈臂伸。连续在单杠上做引体向上或双杠上做屈臂伸。每组20～30次，4～6 组。

(3)1 分钟立卧撑。由直立姿势开始，下蹲两手撑地，伸直腿成俯撑，然后收腿成蹲撑，再还原成直立。

(4)收腹举腿静力练习。在双杠、吊环或垫上做收腹举腿(直角支撑)动作，每次静止 1～2 分钟。静止时躯干与大腿间的夹角不能大于 100°角，静止时间由 30 秒开始，逐渐增加。

(5)俯卧撑或俯卧撑移动。在垫上连续做俯卧撑 30 次为一组，4～6 组，或成屈臂俯卧撑姿势，用双臂双脚力量左右移动，每组 20～30 次，4～5 组。俯卧撑时身体要保持伸直。移动时始终保持屈臂俯卧撑姿势。

(6)后蹬跑。做后蹬跑，每次 100～150 米，或负重后蹬跑 60～80 米。

(7)连续半蹲跑。成半蹲姿势，向前跑 50～70 米，不规定速度，走回来时尽量放松。

(8)连续深蹲跳。原地分腿站立，连续做原地深蹲跳起或在草地上向前深蹲跳。要求落地即起。

(9)原地间歇高抬腿跑。原地或前支撑做高抬腿跑练习。要求动作规范，不要求时间，但动作要不间断地完成。

(10)连续跑台阶。在高 50 厘米的看台上，连续跑 30～50 步。跑 20 厘米高的楼梯，每步跑 2 级。要求动作不能间断，但不规定时间，向下走时尽量放松，心率恢复到 100 次/分钟时可开始下一次练习。

(11)重复爬坡跑。在 15°的斜坡道或 15°～20°的山坡上进行上坡跑，重复 5 次或更多些，跑距 250 米或更多些。

(12)逆风跑或负重耐力跑。遇飓风天气(风力不超过五级)

可在场地或公路上做持续长距离逆风跑，也可做 1 000 米以上的重复跑。

(13)长距离多级跳。在跑道上做多级跳，每组跳 80～100 米，约 30～40 次，3～5 组，组间歇 5 分钟。如果规定完成时间，强度会大大提高，注意组间的恢复情况。

(14)连续换腿跳平台。平台高度 30～45 厘米，单脚放在平台上，另一脚在地上支撑，两脚交替跳上平台各 30～50 次。要求两臂协调配合，上体正直。

(15)沙滩跑。在沙滩上做快慢交替自由跑，每组 500～1 000 米，也可穿沙背心跑，速度变化和要求可因人而宜。

(16)负重连续转跳。肩负杠铃杆等轻器械做连续原地轻跳或提踵练习。

(17)沙地负重走。沙滩上，肩负杠铃杆，或背人做负重走。。

(18)沙地后蹬跑或跨步跳。沙滩或沙地上做后蹬跑或跨步跳，每组后蹬跑 80～100 米。

(19)半蹲连续跳。在草地上做连续向前双脚跳，落地成半蹲，落地后迅速进行第二次。

(20)水中支撑高抬腿。在 40～50 厘米深的浅水池中，两手扶池壁前倾支撑做高抬腿练习，每组 50 次。也可在水中行进间后蹬跑穿插进行。

(21)连续跳推举。原地蹲立，双手握杠铃杆，提铃至胸后，连续做跳推举杠铃杆。

(22)连续深跳。站在 60～80 厘米高的台阶或跳箱上双脚向下跳，落地后迅速接着向上跳上 30～50 厘米高的台阶或跳箱上。

(23)连续跳实心球。面对实心球站立，双脚正面跳过球后，迅速背对球跳回。往返连续跳。

(24)连续反复传接实心球。用实心球做传接球练习。可选用 1～2 千克的实心球。

(25)半蹲静力练习。躯干伸直，屈膝约 90°成半蹲姿势后静止30秒至1分钟。每次练习结束要放松肌肉,做些按摩摆腿或放松跑活动。

(26)双杠支撑连续摆动。双杠上直臂支撑,以肩为轴做摆动,每组40次,4～5组。前后摆两腿要摆出杠面水平,两腿并拢、伸展。

2. 有氧耐力训练方法

(1)定时走。按规定的时间在场地、公路或其他自然环境中做自然走或稍快些的自然走训练。一般走30分钟左右。

(2)定时跑。在场地、公路或树林中做10～20分钟或更长时间的定时跑训练。

(3)定时定距跑。在场地或公路上做定时跑训练,可固定时间、距离,如在14～20分钟内跑3600～4600米。

(4)水中快走或大步走。在深30～40厘米的浅水池中,做快速走或大步走练习,每组200～300米或100～150步,4～5组。

(5)沙地连续走或负重走。海滩沙地徒手快走或负重(杠铃杆或背人)走。徒手快走每组400～800米,负重走每组200米。

(6)重复跑。在跑道上进行,重复跑的距离、次数与强度也应根据专项任务与要求而定。发展有氧耐力重复跑强度不应大,跑距应较长些。一般重复跑距为600米、800米、1000米、1200米等。

(7)变速跑。在场地上进行。慢跑段、快跑段距离也根据专项任务和要求进行决定。一般常以400米、600米、800米、1000米等段落进行。例如,中距离跑运动员常用200米慢跑、400米快跑的变速或200～400米慢跑、600米快跑等变速进行训练。

(8)越野跑。在公路、树林、草地、山坡等场地进行。距离要求,一般在4000米以上,多可达10000～20000米。

(9)3分钟以上跳绳或跳绳跑。在跑道上做两臂正摇原地跳绳3分钟或跳绳跑2分钟。要求每次结束时,心率在140～

150次/分钟，恢复至120次/分钟以下开始下一次练习。

(10)法特莱克跑。在场地、田野、公路上进行，自由变速的越野跑或越野性游戏。最好在公园、树林中进行，约30分钟，也可更长时间。

(11)连续踩水。在游泳池深水区，手臂露出水面做踩水练习。也可要求肩部露出水面，加大难度。

(12)水中定时游。不规定游泳姿势及速度，规定在水中游一定的时间，如不间断地游15分钟、20分钟等。

(13)5分钟以上的循环练习。根据专项选择8～10个练习，组成一套循环练习，反复循环进行5分钟以上。

(14)登山游戏或比赛。在山脚下听口令起动，规定山上终点的标记，可以自选路线登山或规定路线登山，可进行登山比赛或途中安排些游戏，如埋些“地雷”，规定各队要找出几个“地雷”后集体到达终点，早到者为胜等。

(15)长时间划船。连续不间断地划船20分钟以上。

(二)足球一般耐力素质训练注意事项

在进行足球一般耐力素质训练时，要注意以下几个方面的事项。

(1)要重视有氧耐力训练是无氧耐力训练的基础。同一训练内容不同的训练强度，对发展运动员某一耐力是不同的，因此，这就要求根据实际情况和需要进行有针对性的训练。

(2)耐力训练的负荷应遵循循序渐进和区别对待的原则。注意发展高强度速度耐力，训练时尽可能超强度、超负荷，训练后能达到超量恢复。

(3)进行中等以上负荷耐力训练时，会出现耗氧量大于供氧量的现象，因此，这就要求在耐力训练时应加强运动用鼻深呼吸的能力，而如果这时运动员用嘴呼吸，就会出现横膈膜升降的浅呼吸，而用鼻呼吸则可避免这一现象，最大限度保障机体内对氧的需求。

(4)对儿童和青少年的耐力训练必须以他们的承受能力为主要依据,采用游戏和竞赛的方法,同时要有医务监督。另外,应抓好耐力敏感期的训练。

四、足球一般柔韧素质训练

(一)足球一般柔韧素质训练方法

发展和提高足球一般柔韧素质训练方法有很多,其中,根据不同部位进行训练的方法较为常用,具体如下。

1. 腿部柔韧性训练方法

(1)跪坐压脚面。

(2)压腿。将脚放在一定高度上,另一腿站立脚尖朝前,然后正压(勾脚)、侧压、后压。

(3)弓箭步压腿。

(4)踢腿。原地扶把杆或行进,正踢(勾脚)、侧踢、后踢。

(5)摆腿。向内、向外摆腿。

(6)前后劈腿。可独立前后振压,也可以将腿部垫高,由同伴帮助下压。

(7)左右劈腿。练习者仰卧在垫子上,屈腿或直腿都可以,由同伴扶腿部不断下压。

(8)控腿。手扶支撑物体,前控、侧控、后控。

(9)在特制不同形状的练习器上练习脚腕不同方位的柔韧。

(10)负重深蹲,脚跟不离地使脚尽量弯曲。

2. 手指手腕柔韧性训练方法

(1)握拳、伸展反复练习。

(2)手腕屈伸、绕环。

(3)两手五指交叉直臂头上翻腕,掌心朝上。

(4)用左手掌心压右手四指,连续推压。

(5)两手五指相触用力内压,使指根与手掌背向成直角或小于直角。

(6)左、右手指交替抓下落的棒球(或小铅球)。

3. 腰腹部柔韧性训练方法

(1)向后甩腰练习。

(2)弓箭步转腰压腿。

(3)体前屈手握脚踝,尽量使头、胸、腹与腿相贴。

(4)站在一定高度上作体前屈,手触地面。

(5)两脚前后开立,向左后转,向右后转,来回转腰。

(6)分腿坐,脚高位体前屈,帮助者可适当用力压其背部助力压。

(7)肩肘倒立下落成屈体肩肘撑。

(8)分腿体前屈,双手从腿中间后伸。

(9)后桥练习,逐渐缩小手与脚距。

(10)双人背向,双手头上握或互挽臂互相背。

4. 肩关节柔韧性训练方法

(1)压肩:

① 手扶一定高度体前屈压肩。

② 面向墙一脚距离站立,手、大小臂、胸触墙压肩(逐渐加大脚与墙的距离)。

③ 双人手扶对方肩,体前屈直臂压肩。

④ 两人互相以手搭肩,身体前倾,向下有节奏地压肩。

(2)拉肩:

① 双人背向两手头上拉住,同时作弓箭步前拉。

② 练习者站立,两手头上握住,帮助者一手拉练习者头上手,一手顶背助力拉。

③ 练习者俯卧,两手相握头上举或两手握木棍,帮助者坐

练习者身上，一手拉木棍，一手顶其背助力拉。

④ 侧向肋木，一手上握一手下握肋木向侧拉。

⑤ 背对肋木坐，双手头上握肋木，以脚为支点，挺胸腹前拉起成反弓形。

⑥ 背向肋木站，双手反握肋木，下蹲下拉肩。

⑦ 体前屈坐垫上，双手后举，帮助者握其两手向前上推助力拉。

(3)转肩：用木棍、绳或橡皮筋作直臂向前、向后的转肩（握距逐渐缩小）。

(4)吊肩：

① 杠悬垂或加转体。

② 单杠负重静力悬垂。

③ 单杠各种握法（正、反、反正、翻等握法）的悬垂摆动。

④ 后吊。单杠悬垂，两腿从两手间穿过下翻成后吊。

5. 胸部柔韧性训练方法

(1)练习者面对墙站立，两臂上举扶墙，抬头挺胸压胸。要求让胸尽量贴墙，幅度由小到大。

(2)虎伸腰。练习者跪立，手臂前放于地下，胸向下压。要求主动伸臂，挺胸下压。

(3)练习者并腿坐在垫子上，臂上举，同伴在背后一边向后拉其双手，一边用脚蹬练习者肩背部，向后拉肩振胸。

(4)俯卧背屈伸。练习者腿部不动，积极抬上体、挺胸。

(二)足球一般柔韧素质训练注意事项

在进行发展和提高足球一般柔韧素质的训练时，要注意以下几个方面的事项。

(1)通常情况下，要将足球柔韧素质的训练安排在课的准备部分后面或基本部分的开始进行。需要注意的是，身体疲劳或练习部位有伤时不宜进行柔韧训练。同时，在进行柔韧训练前，必须做好准备活动，练习时动作幅度由小到大，节奏由慢到快。训练后做好放松练习。

(2)在进行足球柔韧素质的训练时，还要注意将柔韧与力量的关系处理好。对肌肉的弹性引起重视，使单纯消极的被动拉长得到避免。应使肌肉柔而不软、韧而不僵，保持肌肉的收缩力量。

(3)相较于其他素质，柔韧素质容易发展，容易见效，但消退也快，因此，这就要求经常巩固已取得的训练成果。另外，应抓住柔韧素质发展的敏感期，充分发展与柔韧素质紧密关联的技术动作。

(4)柔韧训练应循序渐进，协调好拉伸力量的强度、重复次数和练习时间等因素的关系。

五、足球一般灵敏素质训练

(一)足球一般灵敏素质训练方法

发展和提高一般灵敏素质的训练方法有很多，其中，比较常见的有以下几种。

(1)听信号的各种姿势起跑。

(2)听信号或看手势急跑、急停、转身、变换方向的练习。

(3)按有效口令做动作。

(4)按口令做相反的动作。

(5)脚步前后、左右、交叉的快速移动。

(6)做动作或急跑中听信号完成突停动作。

(7)原地、行进间或跑步中听口令做动作，如喊数抱团成组。

(8)做不习惯方向的动作。

(9)单脚为轴的前后、转体的移动。

(10)左右侧滑步、跨跳步的移动。

(11)前滚翻、后滚翻、侧滚翻。

(12)一对一背向互挽臂蹲跳进、跳转。

(13)向上抛球,转体2周、3周再接住球。

(14)在肋木上做横跳、上下跳练习。

(15)一对一面向站立,双手直臂相触,虚实结合相互推,使对方失去平衡。

(16)一对一弓箭步牵手互换面向站立,虚实结合互推互拉使对方失去平衡。

(17)闭目原地连续转5～8周,然后闭目沿直线走10步,再睁眼看自己走的方向是否准确。

(18)绕障碍曲线转体跑。

(19)原地跳转180°、360°、720°落地站稳。

(20)用手扶住体操棒,然后松手转身击掌再扶住体操棒使其不倒。

(21)双人一手扶对方肩、一手互握对方脚腕,各用单脚左右跳、前后跳、跳转。

(22)双人前滚翻。一人仰卧,另一人分腿站在仰卧人的头两侧,双方互握对方两脚踝,然后作连续的双人前滚翻或后滚翻。

(23)前手翻、头手翻、后手翻,团身后空翻。

(24)一人仰卧,两人各抓一只脚,同时用力上提,使其翻转站立。

(25)在低双杠上做肩倒立、前滚翻成分腿坐、向前支撑摆动越杠下,向后摆动越杠下等简单动作。

(26)交叉摇绳。练习者两手交叉摇绳,每摇一二次,单足或双足跳长绳子一次。

(27)"扫地"跳跃。练习者将绳握成多段,从下蹲姿势开始,将绳子做扫地动作,两脚不停顿地做跳跃练习。

(28)在低单杠上作翻上、支撑腹回环、支撑后摆跳下、支撑摆动向前侧跳下等简单动作。

(29)走矮子步。教练与一名队员将绳拉直,并把高度适当降低，队员在绳子下走矮子步和滑步动作。

(30)照着样子做。两人一组，其中一人做站立或活动中的各种动作，并不断更换花样，另一人必须照着他的样子做。

(31)追逐拍、救人。队员分散站在场内，指定4名引导人为追逐者，其他队员闪躲逃跑。当有人被追着时，需马上原地站立，两手侧平举。此时，同伴者可去拍肩救他，使之复活逃脱。

(32)听号接球。练习者围圈报数后向着一个方向跑动，教练持球站在圈中心，将球向空中抛起喊号，被喊号者应声前去接球。

(33)跳波浪绳。教练与一名队员双手握一根长绳子，并把绳子上下抖成波浪形，队员必须敏捷地从上跳过，谁碰到绳子，与摇绳者交换。

(34)单、双数互追。练习者按单、双数分成两组迎面相距1～2米坐下，当教练喊"单数"时，单数追双数，双数转身向后跑开20米；当教练喊"双数"时，双数追单数，单数转身向后跑开。

(二)足球一般灵敏素质训练注意事项

在进行发展和提高足球一般灵敏素质训练时，要注意以下几个方面的事项。

(1)灵敏素质训练不宜在足球运动员身体疲劳状况下进行，否则取得的效果不甚理想。通常情况下，灵敏练习安排在足球课的基本部分开始阶段，且练习重复次数不宜过多。练习之间应有足够的间歇时间，一般情况下，练习与休息的比例在1∶3左右。

(2)由于灵敏素质是多种素质的综合表现，尤其与速度、力量素质关系密切，所以安排训练内容时应与其他素质结合进行。除此之外，还要有较为明确的训练要求。

(3)足球灵敏素质的训练方法应富有趣味性、竞争性。除此之外，还要注意动作的质量，做到及时、准确、轻松、协调。

(4)12岁左右少年儿童是灵敏素质的提高期，13、14岁时灵敏素质发展不稳定,15 岁以后逐渐趋向稳定。应根据这些特点抓好少年的灵敏素质训练。

第二节　现代足球专项体能训练

一、足球专项力量素质训练

(一)足球专项力量素质训练要求

参与足球运动,不仅要有持续较长时间的耐力性力量,而且还要有在瞬间就能发挥出来的爆发力。而这对红、白肌纤维质量有着非常高的要求,要使其得到全面的体统,同时在此基础上重视白肌纤维的质量的提高。在训练过程中,可以采用不同负荷重量时参与活动的肌纤维也不相同的规律为主要依据,有针对性地进行相应的训练。比如,当采用本人最大力量的 1/2 以上负荷进行训练时,主要参与活动的是白肌纤维;采用本人最大力量的 1/4 以下负荷进行训练时,参与活动的是红肌纤维。

采用结合足球专项特点的中、小负荷练习,能够使中枢神经系统功能调节的一致性得到有效改善,同时,也有效改善肌肉群之间的协调关系。训练中对技术动作和练习手段进行必要的生物力学分析,使技术动作或练习手段达到骨杠杆的最佳机械效率,可通过提高动作及其用力特点来对训练方法进行相应的选择。要想顺利达到这一目的,首先要充分锻炼参与运动的肌肉,这样才能使训练取得理想的效果,得到有利的保证;其次,练习手段的用力必须与专项动作肌肉收缩时的支撑条件相符;最后,必须把速度放在首要位置。

(二)足球专项力量素质训练方法

对足球专项力量素质进行发展和提高的训练方法有很多，可以根据各个部位进行训练，也可以综合起来进行训练，具体如下。

1. 腿部力量素质训练

能够有效发展足球运动员腿部专项力量的训练方法有以下几种。

(1)做单腿或双腿起跳摸高或用头触球练习。

(2)做多球的连续跳起空中头顶球、空中敲球、空中传球练习。

(3)做连续向前并腿或单腿跳练习。

(4)做立定跳远、多级跳远、蛙跳、助跑跳远练习。

(5)肩负杠铃或手握哑铃连续向上跳。

(6)做双脚连续跳台阶、单腿交替跳台阶、向两侧跨跳、单腿连续跳练习。

(7)小腿负重踢球。要求在不影响正确动作规格的前提下尽力踢球。

(8)肩扛杠铃做提踵或脚掌走，肩负杠铃由站姿下降至深蹲。

(9)利用不同高度的凳子、桌子或跳台依次做杠铃深蹲、半蹲、提踵，壶铃蹲跳等练习。

(10)仰卧小腿屈伸：通过髋关节和膝关节发力使重物平台下降，膝关节屈曲 90°后还原。

(11)腿部伸展：通过伸展膝关节使小腿上举至全腿伸直，还原后再做。

2. 腰腹力量素质训练

能够有效发展足球运动员腰腹部专项力量的训练方法有以

下几种。

(1)做仰卧起坐、仰卧举腿、仰卧快速屈体练习。

(2)做原地或行进间收腹跳、向后展腹跳练习。

(3)俯卧撑收腹收腿,单杠悬垂举腿、悬垂双腿画圆圈。

(4)做侧卧体侧屈、俯卧体后屈练习。

(5)做跳起空中转体或收腹用力顶球练习。

(6)仰卧,两脚夹球离地 15～20 厘米,以腰为圆心画圆。

(7)做起跳后空中转体或收腹用力顶球练习。

(8)展腹跳。爆发起跳并充分展腹,爆发起跳并向后屈膝,两手触脚跟。

(9)肩负杠铃做体前屈或转体,抓举杠铃。

3. 颈部、上肢和肩背力量素质训练

能够有效发展足球运动员颈部、上肢和肩背部专项力量的训练方法有以下几种。

(1)俯卧撑。俯卧撑向侧、前跳移。

(2)利用双杠双臂屈伸、单杠引体向上、杠铃推举。

(3)大力掷界外球、超重球、实心球。

(4)双杠双臂屈伸,单杠引体向上。

(5)在垫上做颈桥并推举哑铃、壶铃或轻杠铃。

(6)两手扶头,在颈部转动时给予抵抗力。

(7)两人一组,进行推小车练习。一人俯卧,两臂伸直。另一人两手抬起其双脚,俯卧者用两手向前“行走”。

(8)两人一组,做重叠俯卧撑。一人保持俯卧姿势,另一人在其背上做俯卧撑,或二人同时做俯卧撑。

(9)两人一组,面对坐地,两腿分开,抛、传实心球或足球。

(10)做哑铃和杠铃练习以发展足球力量素质。

4. 全身力量素质训练

能够有效发展足球运动员全身专项力量的训练方法有以下

几种。

(1)蹲跳顶球。取半蹲姿势,连续蹲跳中顶球。

(2)倒地起身。甲运球,乙从侧面铲球,乙在铲球倒地后尽可能快地起身去追球。

(3)抢夺球练习。二人合作相互进行抢夺球练习。

(4)做挺举练习,要求完成每一环节时都必须采取爆发性动作。

(5)合理冲撞练习。甲运球,乙贴身跟随并冲撞甲,甲要稳住重心,或两人同时争顶并在其间运用合理冲撞。

5. 综合训练

能够有效发展和提高足球运动员专项力量素质的综合训练方法主要有以下几种。

(1)对抗力量练习:在足球力量素质练习中,可利用跑动中为争夺控球权的合理冲撞、连续跳起争顶球、贴身紧逼对抗、身体挤压等发展力量素质。

(2)非对抗类力量练习:在日常训练中充分利用球来发展个体的力量素质。

(3)负重练习:采用负重的方法,增加运动负荷,以发展力量素质。

二、足球专项速度素质训练

(一)足球专项速度素质训练要求

足球运动员的速度素质训练应在尽可能与比赛情形相接近,满足比赛需要的前提下,全面提高反应速度、位移速度和动作速度。具体来说,应该做到以下几个方面的要求。

第一,在训练反应速度时,要经常利用突然发出的信号,使运动员对简单信号(视觉、听觉信号等)的反应速度有所提高,或采取移动目标练习、选择性练习，来使足球运动员中枢神经系统的机能水平得到有效提高。

第二，在训练位移速度时，由于足球运动员在快速奔跑中主要依靠非乳酸无氧代谢供能完成技术动作，因此，必须提高运动员的非乳酸无氧供能能力及 ATP 再合成能力，因为只有这样，才能够高速完成动作。

第三，在训练动作速度过程中，可以通过提高参与各种动作的肌肉爆发力和动作之间的衔接技术，来使动作速度得到有效提高。

（二）足球专项速度素质训练方法

能够有效发展和提高足球专项速度素质的训练方法主要有两种，即常规速度训练方法和综合速度训练方法，具体如下。

1. 常规速度训练

每一种速度都有其相应的常规训练方法，具体如下。

（1）位移速度训练：利用各种跑步练习提高足球位移速度，提高步频。

（2）反应速度训练：利用在各种不同身体姿态状况下的起动练习，发展反应速度和起动快跑能力。

（3）动作速度训练：利用下坡跑、顺风跑、牵引跑等提高动作频率，运用短距离、方向不规则的绕（或不绕）障碍的变向、变速跑提高运动员重心转换速度和快速变向跑能力。

2. 综合速度训练

要想使速度素质得到全面、综合的发展和提高，可以采用以下几种训练方法。

（1）做全速、变速、变向运球跑练习。

（2）做 60—80—100 米的全速跑、加速跑，提高位移速度的练习。

(3)在静止情况下，利用既定手势做各种姿势的起跑练习：采用蹲踞式、站立式、侧身式、坐地、坐地转身、俯卧、仰卧、滚翻后、原地跳跃等姿势做起跑练习，起跑10～30米即可。

(4)快速跑练习：反复练习小步跑、全速跑、加速跑、顺风跑、下坡跑、牵引跑、高抬腿跑等，促使运动员突破“速度障碍”，提高位移速度。

(5)在教练员限定的时间内快速完成传—接—传，运—传—接—射门等动作，以建立快速动力定型，提高动作速度。

(6)采用后蹬跑、单腿侧蹬跑、短距离转身跑、各种追逐球跑等，发展爆发力。

(7)在活动情况下，利用既定手势做突然起动练习：在颠球、顶球、传接球、慢跑、侧身跑、小步跑、高抬腿跑等情况下做快速起动跑，跑5～10米即可。

(8)在约20米的距离内，设置不同距离间隔和有方向变化的标杆或锥体，让队员以尽可能快的速度做绕杆跑，发展队员绕过对手的快跑能力。

三、足球专项耐力素质训练

(一)足球专项耐力素质训练要求

1. 有氧耐力

有氧是无氧的基础，良好的有氧耐力训练水平能够使机体内能源物质得到充分利用，同时，对于机体的摄氧、输氧、用氧能力的提高，以及较快消除非乳酸性和乳酸性氧债都是较为有利的，除此之外，其还能够起到延缓疲劳出现和加速机体恢复的重要作用。

发展有氧耐力首先要使最大吸氧量得到有效提高。对最大吸氧量产生重要影响的因素主要是输氧能力，而对输氧能力起决定性作用的是心肌收缩力。由此可以看出，提高运动员的心肌收缩力是有氧耐力训练的本质。具体来说，提高运动员心肌收缩能力的方法主要有两种：一种是不间断匀速负荷法，即采用本人最大强度的70%左右持续跑；另一种是变速负荷法。有氧能力训练应在无氧阈或接近无氧阈强度时效果最好，这是在目前被普遍认可的说法。

2. 无氧耐力

无氧代谢能力是运动员的无氧耐力水平的决定性因素，具体来说，就是指无氧糖酵解能力、机体组织抗乳酸能力、能源物质（主要是ATP和CP）的储备和支撑运动器官的功能。足球比赛中运动员5～15米的快跑冲刺约占80%～90%，比赛中快跑冲刺和慢跑与走的时间比约为1∶7～14，因此，这就要求足球运动员必须要具有良好的非乳酸无氧耐力。从相关的研究中可以得知，目前决定足球运动员体能的重要限制因素是球员的肌肉耐力水平，尤其是肌肉无氧耐力水平。因此，对足球运动员肌肉无氧耐力水平进行重点发展，从而使运动员的体能得到进一步的提高是非常重要且必要的。

（二）足球专项耐力素质训练方法

能够有效发展和提高足球专项耐力素质的训练方法主要有两种，即有氧耐力训练方法和无氧耐力训练方法。

1. 有氧耐力训练

能够有效发展有氧耐力素质的训练方法主要有以下几种。

（1）12分钟跑。

（2）100～200米间歇跑，400～800米变速跑。

（3）进行3000米、5000米、8000米、10000米等不同距离的定时跑或越野跑。

（4）进行半场7对7控球对抗训练。要求每队传控好本方球,并全力破坏对方的传控。练习时可限制触球次数;可视情况调整场区或人数。

2. 无氧耐力训练

能够发展和提高无氧耐力素质的训练方法主要有以下几种。

(1)进行 5 米、10 米、15 米、20 米、25 米折返跑练习。

(2)进行 100～400 米高强度的反复跑和做 1～2 分钟的极限动作练习。

(3)进行重复多次的 39～60 米冲刺跑练习。

(4)有持续时间的往返带球练习。

(5)1 分钟内一对一追拍或一对一过人。

(6)短距离追逐跑练习。

(7)做原地快速跳绳练习。30 秒钟×10qw,60 秒钟×5 次(每次间歇 30～60 秒钟)。

(8)做折线快跑 20 米—仰卧屈体 5 次—冲刺 10 米—突停转身铲球—向左右做旋风腿各 1 次—快跑中跳起头顶球 3 次—冲刺射门两次—三级蛙跳的组合练习。

(9)往返冲刺传球练习。甲往返冲刺在限制线之间,在限制线附近回传乙、丙分别传来的球,乙、丙离限制线约 5 米。

(10)进行争球射门训练。12 人分为 2 组,每组占用半个足球场地,每组 1 名守门员,2 人一组,争教练发出的球,得球者攻,无球者防,交替进行。练习时间为 15 分钟。

(11)不同人数传抢球练习。规定运动时间,1/4 场地 4 对 4 传抢,1/2 场地 6 对 6 传抢,全场 9 对 9 传抢。

(12)进行追逐游戏训练。每队各 10 人面对站立,教练向其中 2 人抛球。红方得球,红追蓝;蓝方得球,蓝追红,阻止对方跑进标志线。练习时间为 10 分钟。

四、足球专项柔韧素质训练

(一)足球专项柔韧素质训练要求

一名优秀足球运动员的柔韧素质是不可缺少的重要身体素质。关节,特别是髋关节的骨结构;关节周围组织的体积;跨过各关节的韧带、肌键、肌肉和皮肤等都在很大程度上影响着足球运动员的柔韧素质。如果柔韧素质较差,往往就会提高运动损伤的发生几率。

(二)足球专项柔韧素质训练方法

能够有效发展和提高足球运动专项柔韧素质训练方法主要有以下几种。

(1)模仿内扣、外扣动作,单腿连续做内转、外转。

(2)模仿内、外侧颠球动作,单、双腿连续做内翻、外翻。

(3)模仿和结合球的大幅振摆腿、铲球、摆腿、踢侧身凌空球、倒勾射门等练习。

(4)以膝关节为轴,做小腿用力向后踢、内踢、外踢的练习。

(5)做弓步、踢腿、仆步压腿、下腰练习。

(6)做正面或背向肋木前、后压腿练习。

(7)跪在垫子上,利用体重前后移动压足背,也可将足尖部垫高,使足背悬空做下压动作,增加练习难度。

(8)跪压正脚背(上体后仰、轻轻振压)及全脚背着地的俯卧撑,以拉长脚背韧带和小腿前肌群。

(9)做各种踢球、顶球和抢截球等技术动作练习。

(10)做脚尖、脚内侧、脚外侧行走练习。

(11)做站立(或靠墙站立)体前屈下压,做背伸、展腹屈体、腿肌伸展练习。

五、足球专项灵敏素质训练

（一）足球专项灵敏素质训练要求

灵敏素质对足球运动员来说是非常重要的，在激烈拼争的比赛中，如果灵敏素质较低或者达不到快速、准确、合理和协调变换体位的能力，那么就不会成为一名优秀的足球运动员。能够影响灵敏素质水平的因素有很多，其中，最主要的有以下几个方面。第一，是中枢神经系统的灵活性；第二，是观察能力与反应速度；第三，是运动技能的储备和熟练程度；第四，是综合素质的能力。

（二）足球专项灵敏素质训练方法

足球运动专项灵敏素质训练方法主要有以下几种。

（1）进行身体各部位的颠球练习。

（2）带球过杆练习。

（3）进行各种挑反弹球练习。

（4）将球踢向身后，然后迅速向前绕过障碍折回接反弹球练习。

（5）距墙约 10 米远，利用两个球，快速、连续地向对墙踢。

（6）带球跑。做带球跑练习，并在运球的过程中做各种颠耍、虚晃、起动、拨挑、回扣等动作。

（7）“扫地”跳跃训练。将绳握成多段，从下蹲姿势开始，将绳子做扫地动作，两脚不停顿地做跳跃练习。

（8）冲撞躲闪。2 人一组，慢跑中试图冲撞对手，对手尽可能躲闪。

（9）跳波浪绳训练。教练与一名队员双手握一根长绳子，并把绳子上下抖成波浪形，队员必须敏捷地从上跳过，谁碰到绳子，与摇绳者交换。

(10)虚晃摆脱。三人一组，甲传球，乙盯防，丙利用左右虚晃动作突然摆脱乙或利用前跑反向要球。练习中甲与丙相距5米左右，乙紧逼丙，三人轮换职能。练习中丙要注重动作的突然性及身体在各种姿势下的控制能力。

(11)多种障碍跑。在一区域内设置各种障碍，要求队员用跳、爬、滚翻、跑等动作尽可能快地完成。

六、特殊环境下的足球专项体能训练

当前，足球水平越来越高，其对专项体能素质的要求也越来越高，对于高水平的足球运动员来说，单靠普通的专项体能训练方法已经很难进一步突破其体能极限，因此，一些特殊环境下的足球专项体能训练逐渐被世界各国足球队所采用，比较常见的是在冷环境、热环境以及高原环境下进行足球专项体能训练，具体如下。

(一)冷环境下的足球专项体能训练

1. 冷环境对运动员产生的不良影响

冷环境不同于日常环境，运动员在这样的环境下，往往会产生以下几种不良反应。

(1)裸露在外的身体部分会冻得麻木，将会对动作的灵活性产生不利的影响。

(2)较长时间的过低温度，使神经传递过程发生变化，从而使得反应减慢或动作变形。

(3)保温的衣物会对运动造成一定的不便，同时额外的负担也会进一步加重。

2. 在冷环境中进行专项体能训练的注意事项

(1)要做充分的准备活动。在冷天进行训练之前,运动员要做好身体的保暖工作。一般情况下,会要求在赛前做彻底的热身准备活动(如果可能的话尽量安排在室内做热身)。充分的准备活动能够使体温提高,这对于运动损伤的预防是有帮助的。同时,通过准备活动,能够使神经系统的兴奋性得到有效提高。在寒冷的条件下,进行准备活动时要比正常条件下活动的时间更长、强度更大一些这样体温才能得到有效升高。同时,运动员可以在规则允许的范围内穿着比平时比赛更多的运动衫。

(2)要穿着合适的服装。在冷环境下进行足球专项体能训练,不仅要求穿着的衣服要保暖,还要有良好的透气性,便于排汗。在寒冷(北方)或湿冷(南方)条件下,天然纤维(如棉质或毛质)衣服的保温效果要比合成材料的衣物好。最好的衣料是,不仅能让汗水从衣物的纤维缝隙中顺利排出,而且还能有效避免水滴从外部渗入衣服内部的情况。如果衣物被汗水或雨水浸湿,那么它将不再与外界绝缘,在这种湿冷的情况下,会导致体温下降的速度加快,不利于训练的继续进行。

运动员在冷环境下进行训练时,要确保身体躯干部位干爽和温暖,因此,在全套训练服里面穿着保暖的紧身衣是非常重要且必要的。一般情况下,会要求运动员多穿几件衣服,这样当体温或者外界温度升高时就可以脱掉外层的衣服。当运动员身着多层衣物时,要求最外层的衣服应该能够防风、防雨;内层的衣物应该能与外层隔绝,并且能将湿气从皮肤处排出。

(3)采用合理的呼吸方法。在冷环境中进行训练,一定要注意保持合理的呼吸方法,尽量采用鼻子呼吸,减少用口呼吸。

(4)加强有氧训练。通过有氧运动训练,能使上场队员在没有参与比赛时(如死球时)保持活跃状态,并且能够对疲劳水平进行有效控制,使疲劳的发生得到延缓。具有高水平有氧能力的场下替补队员也要使自身保持不断的活动以实现热平衡。

(5)尽可能避免受伤的发生。在较冷环境下进行训练,关节、韧带、肌肉,以及神经系统都会受到不同程度的影响,如果体能准备不充分,极易导致受伤。因此,这就要求运动员在训练中必须做到全力以赴,注意保持已经适宜的体温,同时,还要相应缩短训练的间隔时间,以保证运动员的身体健康,避免运动损伤的发生。

(二)热环境下的足球专项体能训练

1. 运动员在热环境中受到的不良影响

当运动员处于热环境中时,其体内温度升高会在一定程度上刺激汗腺,这时候进行剧烈运动时,热量散失到外界环境中的主要途径就是蒸发出汗。面对又热又湿的天气时,不仅会使机体蒸发散热的能力降低,而且还会导致电解质和微量元素的流失。因此,湿热的环境是不利于进行运动训练的,而且还会大大提高受伤的发生几率。具体来说,运动员在热环境下进行训练会导致的不良影响主要表现在以下几个方面。

(1)导致运动能力下降。从相关的研究中可以发现:在高温下进行训练,会对球员的运动负荷产生一定的影响。Ekblom(1986)指出,周围的温度30℃情况下,足球比赛中运动员大强度跑的活动距离是500米,而相比之下在周围的温度20℃情况下,大强度跑活动的距离是900米。由此可以看出,温度对运动员的运动能力有着较大的影响,且温度越高,运动能力下降得越快。

(2)导致脱水现象发生。所谓的脱水,就是人体丢失了占体重1%以上的体液。对于出汗量较大的运动员来说,在训练接近结束的时候,往往会出现脱水的现象。脱水能够引起一系列的身体机能变化,比如,排汗率、血浆量、心输出量、最大摄氧量、工作能力、肌肉力量和肝糖含量等出现不同程度的下降。

(3)导致热伤害的发生。所谓的热伤害,通常是指身体过热和脱水所导致的异常，以其程度的不同，可以将其大致分为肌肉痉挛、热衰竭和中暑。足球训练中也往往会有热伤害的发生。

肌肉痉挛：肌肉痉挛的发生，与机体在汗水中丢失电解质有一定的关系，但这不是完全原因，能量储存降低和体内水的减少也是导致痉挛的重要原因之一。通常情况下，在运动中参与活动的肌肉都会受到影响，但更容易发生热痉挛的是腿部和腹部肌肉。一般来说，能够有效缓解肌肉痉挛的途径主要有拉伸发生痉挛的肌肉或者按摩。

热衰竭：热痉挛处理不当往往就会造成热衰竭。出现热衰竭后，往往会表现出：脉搏快而弱、低血压、头晕、出汗过多、有时失去意识，但体温仍基本正常等症状。

中暑：中暑是严重的医疗急症，其主要表现出体内温度很高（高于 41℃），皮肤热而干燥，精神极度混乱或失去知觉，有时可能危及生命等。

2. 进入高热环境区前的适应性训练

由于很多人对高热环境不太适应，或者适应能力较低，这就要求在进入高热环境区前进行一定的适应性训练，具体如下。

（1）确定合适的适应期和训练环境。对热适应训练要提前安排，运动员或运动队应在比赛开始前至少两周抵达比赛主办国适应比赛地区的气候较为理想。教练员也可以选择在球队前往比赛地之前做一定程度的热适应训练。但是需要注意的是，训练要有足够的热强度，通常以 31℃～35℃ 环境为宜，训练时间为 1.5～2 小时，另外，要遵循循序渐进的原则进行训练。适应训练不仅包括生理适应，也应该进行有效的心理调节。

（2）保证充足的训练时间。如果本地环境的气候温度太冷，教练员可以寻找特定的场所进行定期的热适应训练。但是不管在什么地方进行热环境训练，都要记住，是让运动员在热环境下训练而不是休息。通常情况下，每周在热环境中训练约 3 小时，往往就能够取得较为理想的适应效果。

(3)利用衣服达到保热效果。可以采用穿着较厚重的出汗衫和防风衣来使体热得到较好的保持。往往在冷环境中运用这种方式进行热训练，以此达到增加运动员的热负荷并提高运动员对热损伤产生一定适应能力的目的。

3. 高热环境下训练和比赛的注意事项

高热的环境会对运动成绩产生影响，严重的还会引起热损伤，因此，切实做好预防工作，保持最佳的竞技状态是非常重要且必要的。在高热环境区的训练与比赛，需要做好各种防护措施，具体包括以下几个方面。

(1)首先要做的就是预防中暑，对此要制定一定的预案，事先对运动员进行热气候影响和预防方面的宣传教育，使他们自觉遵守防护措施，防患于未然。

(2)开始进入高热环境时，在训练安排上，要做到：在一天中较凉快的时段进行训练，从而使运动员能够承受足够的运动负荷，同时，还要经常多喝饮料。如果运动员入睡困难，应该对其睡眠环境进行相应的调整，比如安排在有空调的房间，但是在一定的时间段继续进行适应周围环境的温度的训练。一定的适应训练往往会导致出汗量增加，这就需要进行相应的补充。

(3)传统的赛前准备活动时间可适当减少，从而有效避免因准备时间过长而导致脱水的现象。

(4)训练和比赛期间随时合理补充盐水，口渴并不是身体脱水非常敏感的信号指示。因此，这就要求运动员要有规律地多喝水，在热天训练时，以每隔 15～20 分钟饮水 200 毫升为宜。除此之外，还要注意饮食调节和营养，注意生活规律，保证充足睡眠。

(5)在热环境适应训练中，可以通过冷水湿巾敷盖头部，选择浅色、宽松、吸汗、充分暴露、易于散热的服装等方式来达到防暑降温的目的。另外，休息时应选择阴凉通风处。

(6)当运动员抵达炎热的国家时，要坚决禁止他们进行日光浴,这主要是由于日光浴对于适应训练没有帮助。

(三)高原环境下的足球专项体能训练

从20世纪50年代开始,在高原环境下进行训练就已经成为运动训练的重要方式。对于足球运动来说,其专项体能训练在高原环境中进行,也能够大大提高训练效果。

1. 高原环境特点分析

体育环境中所指的高原环境,主要对两个方面进行考量:一个是地理学上的分类法,一个是海拔1000米到3000米的高地。实际上,目前国际上采用的高原训练高度通常在1400～2700米之间,1800～2200米之间是最佳的高原训练高度。高原环境的特点主要表现在以下三个方面。

(1)低氧:大气压随海拔高度增加而下降,这样就会使单位体积中的氧量减少,形成低氧环境。在低氧环境中,由于氧分压要比平原的氧分压低一些,这就会使进入肺的氧量减少,从而最终导致运动肌氧供应比平原水平少。

(2)太阳辐射强:高原地区随高度的增加而太阳辐射率逐渐增高。高原地区的紫外线辐射较强,若直接照射在人体表面,往往会引起皮肤血容量及血流量的增加,进而导致体内主要器官的血流量减小。

(3)气温、湿度低:随高度的增加,气温会有所降低。一般情况下,在对流层下部的气温,每当增加150米时,气温约下降1℃。高原环境的湿度特点表现为:绝对湿度随高度的增加而降低,通常情况下,高原的大气湿度是普遍较低的。

2. 高原训练

足球运动员在高原环境下进行体能训练,面临的困难是非常大的。最大心输出量和氧运输系统的变化会降低最大摄氧量。在海拔2300米,最大摄氧量最初下降约15%。在此高度4

周以后，最大摄氧量会有所提高，但是相对于平原水平来说，仍然会低 9%。

相较于通常在平原上运动时的反应，运动员在高原上进行特定的次极限强度运动时的心率、呼吸和用力感都要大大提高。因此，运动员所能承受的运动强度也相应减小。这里需要强调的是，在初上高原的几天时间内，教练员在训练中安排较低强度的练习是非常有必要的。

不同个体的高原反应程度是不同的，对其起到决定性作用的因素主要有有氧能力、上高原之前的适应、过去的高原体验等。除此之外，肺扩张量、体内血红蛋白总量、铁贮备量、营养状况等生理学因素也会对个体的高原反应程度产生一定的影响。

3. 高原环境下进行足球专项体能训练的注意事项

(1)进行一定时期的适应性训练。对于即将在高原环境下进行体能训练的足球队来说，进行一定时期的适应性训练是非常有必要的。在高原上由于空气阻力相对较小，球的飞行特点也会有所变化。因此，长传球会踢得更远，而射门的球速也会更快。因此，这就要求对运动员进行这方面的适应性训练。

(2)合理安排运动负荷。球队在高原进行训练时要对运动负荷进行重新的安排。有一些情况是禁止进行高原训练的，比如，急性高原病痊愈后两三天内进行强化训练、在抵达高原后 7～10 天内进行大负荷的训练。当采用间歇训练时，应该适当延长两次短期剧烈运动之间的恢复期。长距离跑练习，主观的运动强度以及总负荷量都应与平原相同。

(3)确定最佳竞技能力的表现期。从高原回到平原，运动员的机体也需要有一定程度的适应过程。通常情况下，返回平原的最初几天运动员的运动能力下降，运动速度慢，准确性降低，因此，这时候进行训练，应注意使运动负荷适当减少，然后再根据训练的实际情况逐渐增大强度。从相关的研究中发现，高原训练后运动员的体能一般以回到平原的第 10～20 天为最佳，此时参赛会有较佳表现。

(4)要重视适量补水。在高原进行训练会导致水分大量丧失,这就要求在训练中和训练前后一定要做好水的补充。

第五章 现代足球技术训练

当前，足球运动已经取得了较好的发展成绩，并且达到了一定的水平。对足球运动成绩产生影响的因素有很多，其中，技术是最基础也是最重要的因素之一。因此，进行足球技术训练是非常重要且必要的。本章主要对现代足球的无球技术、有球技术以及守门员技术训练进行分析和研究。

第一节 现代足球无球技术训练

一、足球无球技术

足球中的无球技术尽管对比赛成绩没有直接的影响，但是，无球技术水平较高，能够为有球技术的运用提供坚实的基础和有利的条件，从而保证有球技术运用的有效性。比较常见的足球无球技术主要有以下几个方面。

(一)起动

起动技术主要包括原地起动和运动中起动两种。

1. 原地起动

原地起动指运动员在一次激烈对抗后，进入体能调整时，根据场上情况使自己身体进入下一轮的跑动中。起动时，头和肩迅速领先伸出，蹬地并跟随短小步幅跑；前几步保持低重心，用力摆动两臂。

2. 运动中起动

运动中起动指运动员在身体处于位移的过程中(主要是在走或慢跑)，根据场上情况，使自己的身体快速进入比赛节奏所要求的跑动中。起动时，随时观察场上情况，脚步处于预动状态；要用力蹬地并跟随短小步幅跑，依距离加大、加快步幅和步频。在接触对手时要保持低重心。动作过程中要自然摆动两臂。

(二)跑动

跑动在足球比赛中是随处可见的，是足球比赛中的重要技术之一。足球比赛中的跑需要随时改变速度和方向，必须使身体重心降低并使脚接近地面；双臂的摆动应比正常冲刺跑的幅度小，这样对于身体平衡及敏捷地调整步法是有帮助的。比较常见的跑动主要有快跑与中速跑、冲刺跑。

1. 快跑与中速跑

进行快跑与中速跑时，应以比赛场上的即时情境为依据，在制造“空当”时，应采取中速跑；在插入对方防守“空当”时，应快跑甚至是冲刺跑。在快跑或中速跑时，除了正确的身体动作之外，应保持身体重心的稳定，降低前腿及膝的高度，两臂摆动要适度、自然；注意腿的动作速度，避免腾空时间过长。

2. 冲刺跑

在足球运动中，冲刺跑往往在后场截球后的反击中较为适用，无球队员此时应选择进攻的最佳空间，快速冲刺到最合理的位置，接应同伴的传球，给对手致命一击。冲刺跑时身体向前的动力来自于蹬地，队员应保持身体的放松，头部不要晃动，摆臂有力但不要紧握双拳，以免引起全身肌肉的紧张。

(三)晃动

上身侧倾及以身体垂直轴为中心的扭转便是晃动。多数晃动动作用以欺骗对手的重心向一侧移动从而失去平衡，达到突破对方防守的目的。无球状态下摆脱对手紧盯时也要和有球一样，以肩、腿、髋和臂的虚晃达到欺骗对手的目的。急停、起动和转身这些无球技术的熟练程度在很大程度上决定着晃动效果。稳定性是保证完成上身最大幅度虚晃动作的基础。若稳定性差，假动作的逼真性和多样性就会受到限制。因此，一定要通过训练有效提高动作的稳定性。

(四)跳跃

比较常见的跳跃技术主要包括双足跳和单足跳两种。

1. 双足跳

把身体重量均匀地分布于前脚掌，两脚基本与肩同宽，身体稍向前倾，头不要向前伸得太远，有力地向上甩臂，寻求最佳的屈膝角度以跳得更高。

2. 单足跳

起跳时起跳腿置于身体前且脚跟先着地，身体稍后倾以协助制动，起跳腿屈膝以便用力蹬地，后腿随屈膝动作摆起，同时两臂用力前上摆，力求全力向上，避免向前。

(五)保护

保护技术主要包括倒地保护和跳起落地倒地保护两种。

1. 倒地保护

倒地时不要硬撑，而要迅速团身转体顺势滚动，然后迅速站起。

2. 跳起落地倒地保护

跳起落地时身体失去平衡倒地，不要用手硬撑，而要迅速屈膝、团身、转体、顺势滚动，然后迅速站起。

二、足球无球技术训练方法

要想提高无球技术水平，需要根据实际情况采取以下几种方法进行训练。

(一)起跳训练

(1)"蛙跳"追逐训练。

(2)定距离或定时的"袋鼠跳"训练。定距离为50～80米，定时为120～180秒。

(3)跑动中连续顶吊球训练。跑道长为30～50米，每隔5米悬挂一个吊球。

(二)跳跃训练

(1)采取头、脚、左侧身、右侧身等姿势朝向起跑方向的俯卧姿势做好准备，看到教练员视觉信号后，迅速起动疾跑25～30米。训练的间歇时间由原来的5分钟逐渐递减为30秒，每次缩短时间为10秒。

(2)采取背向教练员坐或蹲的姿势，当教练员从背后掷出球后，运动员立即起动追赶球。

(3)5°～10°的站立式上坡跑训练，或25～30米的斜坡跑训练。运动员在起动时应以教练员发出的视觉信号为准。间歇时间应逐渐递减。

(4)运动员在看到教练员发出的视觉信号后,开始做面向、背向、侧向起跑方向的滚翻动作,疾跑距离为25～30米,训练间歇时间由原来的5分钟逐渐减递为30秒,每次缩短时间为10秒。

(5)在15×15米的场地上进行一人追、一人摆脱的游戏训练。训练以两人每隔6分钟实行交换跑的方式进行。

(6)30米绕立杆跑训练。立杆最短不低于1.5米,训练的间距为2.5～1.5米。立杆自前向后的间距应逐渐缩短。

(7)25～30米沙地或锯末地、泥泞地疾跑训练。

(8)在300～500米的场地上进行变速跑训练,并根据教练员的指示不断变速。

(9)运动员在队长带领下,进行5×10米的模仿跑训练。训练的间歇时间为180秒。

(三)变向变速训练

(1)15米全力跑,并训练在一个固定目标急停。

(2)运动员依据教练员手势在20×20米场内做与教练员手势方向相反的全力跑训练。

(3)在中圈内,一名运动员跟随另一名运动员做突然起动、起跳、急停以及卧倒等训练。

(4)沿3米长的正方形边线绕圈跑。

(5)运动员看教练员手势在10～20米内进行突然起动,向左和向右转身90°或180°、360°下蹲,以及跳跃等训练。

(6)30米“折回跑”训练。可以两人竞赛的形式进行,还可以采取定时、定间歇的训练形式。

(7)两名运动员做绕立柱追逐跑训练。训练的距离为50米,间距为2.5米作立柱。

(8)两名运动员背向足球墙呈坐或俯卧、仰卧、下蹲等姿势,在听到教练员将球踢向足球墙的响声后立即起动追球。

(四)假动作训练

(1)在训练场的中圈内可无规则设置8～12根立杆,运动员在中圈内进行快速曲线跑的训练。

(2)运动员间隔3～4米排列,处在队尾的运动员尽力进行全速自后向前并从两名队员中间穿插跑过的训练。

(3)两脚交替跨跳训练。在训练场上画一条1～1.5米的折线,并在拐弯处画一圆圈,运动员尽量做左右两脚交替跳入圈内前进的训练。在跨跳时,应尽量保持低重心,起跳的角度要尽量小。

(4)在罚球区半场内进行一人追逐三人的训练。被追逐的运动员利用各种假动作躲闪,但是不能跑到训练场地外。被抓到的运动员接着担任追逐的任务。

第二节　现代足球有球技术训练

一、踢球技术训练

(一)踢球技术

踢球技术的具体形式主要有以下几种。

1. 脚内侧踢球(又称脚弓踢球)

这种踢球技术的特点主要表现为:脚与球接触面积大,出球准确平稳,且易于掌握。但是,由于踢球时要求大腿前摆到一定程度时需要外展且屈膝,故大腿与小腿的摆动都受到限制,因此出球力量相对较小。

(1)踢定位球。直线助跑,支撑前的最后一步稍大些,支撑脚站在球的侧面约 15 厘米处,脚尖正对出球方向,支撑腿膝关节微屈。在支撑脚着地时,踢球腿大腿带动小腿由后向前摆动,在前摆的过程中大腿外展,当膝关节的摆动接近球的正上方时小腿做爆发式摆动,在触球前将脚跟送出使得脚内侧部位所形成的平面与出球方向垂直,踢球脚脚底与地面平行,脚尖微微翘起,踝关节功能性地紧张使脚型固定,触(击)球后身体跟随移动,髋关节向前送(图 5-1)。

图 5-1

(2)踢空中球。根据来球速度和运行轨迹及时移动到位,踢球腿大腿抬起(屈)并外展,小腿屈并绕额状轴后摆,利用小腿绕额状轴由后向前摆动,当摆至额状面时与球接触,击球的中部(图 5-2)。

图 5-2

(3)踢反弹球。根据来球落点及时移动到位,支撑脚的站位与球的落点应保持踢定位球时的相对位置。踢球腿摆动与踢定位球时相同。在球着地后刚弹离地面的瞬间用脚内侧击球的中部。

2. 脚背内侧踢球(又称内脚背踢球)

(1)踢定位球。斜线助跑,助跑方向与出球方向约成 45°,最后一步稍大,以支撑脚底积极着地,脚尖指向出球方向,距球内侧后方20~25厘米,膝关节微屈。在支撑同时,踢球腿已完成后摆,并开始以髋关节为轴大腿带动小腿由后向前摆动,当大腿摆至与支撑腿接近同一平面时,小腿做爆发式摆动,此时脚尖外转、脚背绷直,以脚背内侧部位触击球。击球后踢球腿及身体继续随球向前(图 5-3)。

图 5-3

(2)削踢定位球(又称香蕉球)。踢弧线球时,脚背内侧部位击球的后中部,摆腿的方向不通过球心,沿弧线前摆,在击球的瞬间,踝关节用力向内转,使球侧旋沿弧线运行(图 5-4)。

图 5-4

(3)踢空中球(又称侧面半高球)。根据来球速度、运行轨迹,选好击球点及时移动到位,身体侧对出球方向,用来球方向的异侧脚支撑,支撑脚脚尖指向出球方向,身体向支撑脚一侧倾斜,展腹。支撑脚站位后,大腿带动小腿由后向前摆动,当大腿摆至接近与击球点成一直线时,小腿做爆发式摆动,用脚背内侧击球的中部。同时身体向出球方向扭转,眼睛始终注视球。击球后,踢球腿顺势前摆以维持身体平衡。

(4)踢各种方向来的地滚球。根据来球的速度、运行轨迹,选好击球时的位置并及时移动到位。在选择支撑点时应考虑来球的情况和摆腿的速度,以保证脚触球的瞬间,球与脚的相对位置仍能保持规格要求。

(5)踢反弹球。根据来球的落点及时移动到位,在球离地(反弹)的瞬间踢球,其他的动作要求与踢定位球相同。这种踢球方法多用于踢侧方或侧前方来的空中下落的球。

3. 脚背外侧踢球

这种踢球技术的特点主要表现为:预摆动作小、出脚快,能利用膝、踝关节的灵活变化改变出球方向和性质,具有一定的隐蔽性,实用性较强,但较难掌握。

(1)踢定位球。脚背外侧踢球的动作方法类似脚背正面踢球，只是摆踢时，脚面绷直，脚趾向内扣紧并斜下指，用脚背外侧击球的后中部，击球后，踢球腿顺势前摆着地。

（2）踢地滚球。对踢球腿同侧的来球多用直线助跑，对异侧来球则多用斜线助跑，支撑脚要适当提前选位着地，其他动作则类似踢定位球。

（3）踢外弧线球。支撑脚踏在球侧后方，踢球腿略呈弧形摆踢，作用力方向与出球方向约成 45°，击球点在球内侧后部，脚型同踢定位球。击球后，踢球脚向支撑脚侧斜摆，以加大球的外旋力量。

4. 脚背正面踢球（又称正脚背踢球）

这种踢球技术的特点主要表现为：摆幅相对较大，踢球力量大，准确性较强。但受以上因素的影响，出球的方向及性质相对变化也较小。

（1）踢定位球。直线助跑，最后一步稍大些，支撑脚积极着地支撑，在球的侧面 10～12 厘米处，脚尖正对出球方向，膝关节微屈，踢球腿随跑动向后摆动，小腿屈曲，支撑的同时踢球腿以髋关节为轴，大腿带动小腿由后向前摆动。当膝关节摆至接近球的正上方时，小腿做爆发式的摆动，脚趾屈，以脚背正面部位击球的后中部。击球后身体及踢球腿随球前移（图 5-5）。

图 5-5

（2）搓击球。搓击球是使用脚背正面与脚趾连接部位接触球的一种踢球方法。踢球腿的摆动主要依靠小腿的前摆。助跑和支撑与脚背正面踢定位球相同。当脚插入球下部触球的一瞬间，脚背屈，小腿做急速向上提摆动作，施加给球的力量不通过球的重心，使球产生回旋（图 5-6）。

图 5-6

（3）踢反弹球。根据来球的速度、运行轨迹、落点，支撑脚踏在球落点的侧面。在球落地时，踢球腿爆发式前摆，在球刚弹离地面时，用脚背正面击球的中部，并控制小腿的上摆（送髋、膝关节向前平移），出球则不会过高（图 5-7）。

（4）踢倒勾球。根据来球的速度、运行轨迹，及时移动到位。选择支撑位置时应考虑将击球点放在身体的前上方，支撑腿膝关节微屈，上体后仰，踢球腿以髋关节为轴向上方摆动，当球落到身体前上方适当高度时，用脚背正面击球后部，将球向身后踢出（图 5-8）。

图 5-7　　　　图 5-8

(5)踢侧面半高球。根据来球速度及运行轨迹，选好击球点，身体侧对出球方向，身体向支撑脚一侧倾斜展腹，踢球腿抬起，大腿伸、小腿屈，大腿带动小腿由后向前急速摆动，用脚背正面击球的中部，同时身体向出球方向扭转，击球后踢球脚随球前摆着地以维持身体平衡(图 5-9)。

图 5-9

(二)踢球技术训练方法

能够有效发展和提高踢球技术的训练方法主要有以下几种。

(1)无球模仿训练。在地面上设想有一目标，跨步上前做踢球动作，然后过渡到几步慢速助跑的踢球模仿动作练习，最后可做快速助跑踢球的模仿动作训练。训练中应注意要有设想球，尤其是设想触球一瞬间踢球脚踝关节的固定和脚背绷紧。

(2)摆腿模仿练习。重点强调小腿的加速摆动和摆腿时的转体动作。要求反复多次训练。

(3)突然变向后的踢球训练。2 人一组，相距 40 米。在场地两端成斜线放 2 个标志物，2 个标志物距离约 3 米，有球队员运球快速绕过标志物后迅速起脚完成踢球动作，将球传给对面队员，对面队员接球后，也快速运球绕过标志物迅速完成踢球动作。

(4)两人一组，一人踩球，一人原地做踢固定球练习。重点强调踢球脚的脚尖斜下指，用脚背内侧踢球的后下部，把球往上“铲”起。要求反复多次训练。

(5)利用足球墙和标杆做踢旋转球的训练。可将标杆插在踢球者与墙之间，标杆与人及墙的距离视需要而定，开始可大些，掌握技术后再逐步缩小。各种旋转球的训练都可以利用足球墙进行，特别是对初学者而言，使用足球墙既可充分利用训练时间增加练习次数，又能使练习者较好地集中注意力掌握技术规格。对于想要提高技术的练习者，足球墙同样也是一个有力的帮手。

(6)两人一组，相距25～30米，踢定位球。要求动作协调、思想放松，按模仿练习的感觉进行练习，防止动作“走形”。要求反复多次训练。

(7)踢固定球训练。一人把球踩在脚下，另一人用脚的不同部位踢球，体会脚的触球部位。

(8)踢准练习。可采取踢画有标志的足球墙，按规定的距离击中目标来计算成绩。要求反复多次训练。

(9)踢地滚球训练。通过观察、判断来球的速度和方向，调整自身的控制能力，并根据出球目标选择支撑脚的位置。练习踢从正面、侧面或侧后方传来的球；可限定脚法，也可视来球任意选用脚法进行训练。

(10)两人一组，相距20～25米，并向前跑动，进行长传球练习。要求反复多次训练。

(11)对墙踢定位球训练。要求练习者面对墙，把球放在地上，然后跑上去轻轻用各种踢球技术动作对墙踢球(图5-10)。开始时，离墙不要太远(约5米左右为宜)；用力不宜太大，踢一次等球弹回来用手接住后，放定了再踢第二次。如此反复训练。熟练后可逐渐加大离墙的距离和增大踢球的力量。

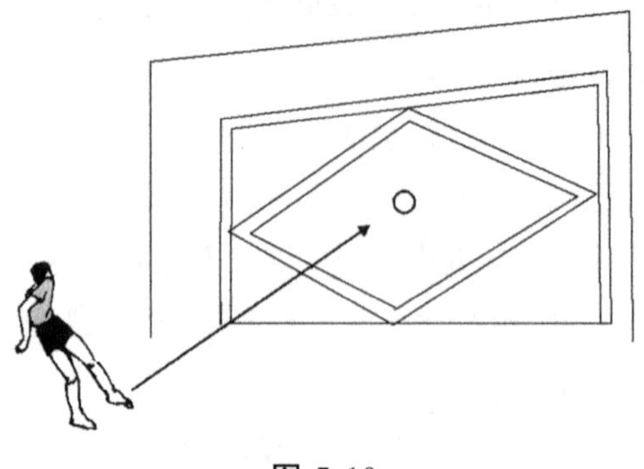

图 5-10

(12)射大球门训练。练习者站在罚球区线上,与门之间立两个小旗,踢定位球。先进行不规定射球门的方向,只要绕过小旗射中球门即可的训练。熟练后,再进行只准射球门的左(或右)半边,射球门的两个下角,最后再射球门的两个上角的训练。

二、传接球技术训练

(一)传接球技术

比较常见的传接球技术主要有以下几种。

1. 脚内侧接空中球

根据来球及时移动到位。抛物线较小的平空球应该根据临场的实际情况选择适当高度的接球点,将接球腿抬起,使脚内侧部位对准来球的方向并前迎,脚在接触球的一瞬间后下方撤,并将球接在所需的位置上(图 5-11)。

图 5-11

2．脚背外侧接反弹球

根据来球的落点及时移动到位，支撑脚站在来球落点的侧后方，除触球部位外，其他环节均和脚背外侧接地滚球相同。

3．脚背正面接抛物线来球

根据球的落点移动到位，脚背正面上迎下落的球，当球和脚面接触的一瞬间，接球脚和球下落的速度同步下撤，此时大腿膝关节、踝关节、脚趾都保持适度的紧张，脚尖微翘将球接到需要的地方（图 5-12）。

图 5-12

4. 大腿接抛物线较大的高空球

面对来球方向，根据球的落点迅速移动到位，接球腿大腿抬起，当球和大腿接触的瞬间大腿下撤将球接到需要的位置上(图 5-13)。

图 5-13

5. 挺胸式接球

面对来球，两脚左右或前后开立，两膝微屈，重心置于支撑面内，上体后仰，下颌微收，两臂自然张开，维持身体平衡。接触球的瞬间，膝关节伸直，两脚蹬地，胸部轻托球的下部使球微微弹起于胸前上方(图 5-14)。

图 5-14

6. 头部接球

根据球的运行路线，面对来球，用前额正面接触球的中下部，下颌微抬，两臂自然张开，提踵伸膝，触球瞬间全脚掌着地，屈膝、塌腰、缩颈，全身保持上述姿势下撤将球接在附近。

(二)传接球技术训练方法

传接球训练应采用适合现代足球发展的训练方法，从青少年开始就要通过训练方法设置难题，逐步发展增强运动员传接球前的观察和选择传球目标的意识与能力，使运动员在活动、快速、对抗以及接近实战的情况下，达到有效提高各种传接球技术运用的能力和水平的目的。比较常用的可提高传接球技术水平的训练方法主要有以下几种。

1. 抛接球训练

2 人一组对面站立，相距 5 米左右，一人用手抛球，另一人练习接各种空中球（如大腿、腹部、胸部、头部），可逐渐加大距离、加大力量(或增加旋转)以适应各种变化的来球。

2. 跑动中传接球训练

2 人一组一球，在一定范围内跑动中练习，要求接球时尽量使用多种方法，传球时可传出各种性质的球。距离近时以地滚球为主，距离远时以空中球为主，从而使接球能力得到有效提高。

3.3 人一组接球转身训练

每人相距 10 米站成一条直线，甲传球给中间的乙(正对接球人传，或传到接球人附近)，乙迎上来接球转身，传给另一端的丙，丙迎上接球然后再回传给乙，乙接球转身传给甲，如此循环往复。中间位置的人可轮流交换，也可采用这种方法训练接反弹球与空中球，并要适当地加大距离。这种形式也可用来交叉训练接地滚球、反弹球与空中球，若甲传给距离 20 米外的丙（越过乙的头顶），丙就可练习接反弹球与空中球，再传地滚球给乙，乙练习接地滚球转身后再传给甲，甲接地滚球后再传给乙。乙的位置可轮流交换，甲、乙位置和传出的球也可变换。

4. 对抗中的接停球训练

将练习者分为 4 人一组，传接球队员相距 15 米左右。防守队员△与接球队员①相距 1 米，接球队员②回撤几步后突然摆脱向前跑动插上，接从身后④传来过顶球。将球控制在自己的范围内及跑动方向上，并将球传给另一端的无球队员③，然后与防守队员交换练习角色，向反方向练习。练习一段时间后，中间队员与两端的传球队员交换练习（图 5-15）。

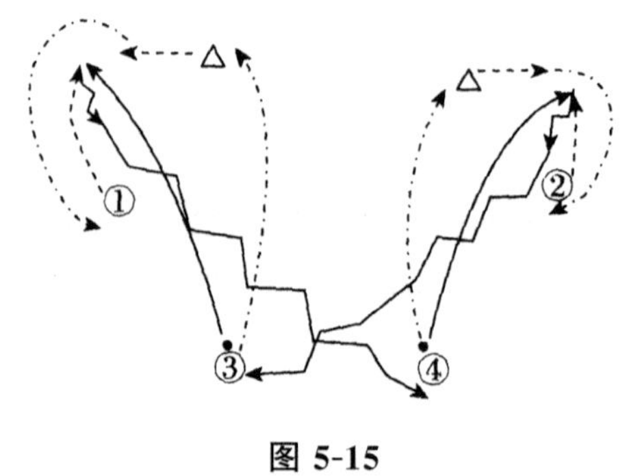

图 5-15

5. 接控球训练

4 人一组，成正方形站位，距离 20 米左右。①②③④队员分别站在各边线的中点附近。②开始练习时，①沿边线向前切入，②从其身后传斜线地滚球，队员①用同侧脚背外侧接球，向前运球，到边角附近。此时，另一队员④沿边线切入，①斜线传球给④。依次轮转训练，练习一段时间后改变跑动方向（图 5-16）。

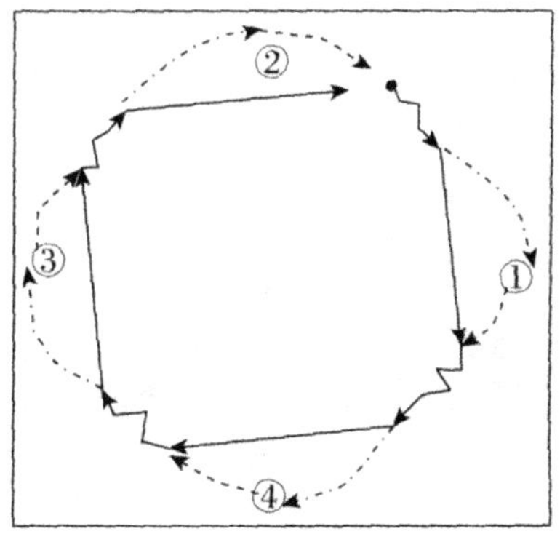

图 5-16

三、运球技术训练

(一)运球技术

比较常见的运球技术主要有以下几种。

1. 正脚背运球

运球时,上体前倾,步幅放大,运球脚提起时,膝关节弯曲,脚尖向下,以脚背正面推拨球前进。在比赛中,主要适用于突破对手后做较长距离的快速运球时。

2. 脚内侧运球

运球时,支撑腿向前跨出一步,落在球的侧前方,膝关节微屈,重心落在支撑脚上,上体向带球方向前倾,用运球脚内侧推拨球后中部前进。在比赛中,主要适用于以身体掩护球的情况。

3. 脚背运球

(1)脚背外侧运球。跑动时,身体自然放松,上体稍前倾,两臂自然摆动，步幅不要过大；运球脚提起时，膝关节弯曲，脚跟提起，踝关节内旋，脚尖向内斜下指，用脚背外侧部位推拨球前进。在比赛中，大多在快速推进或为超越对手、前方纵深距离较大或者改变方向时使用。

(2)脚背内侧运球。跑动时，身体自然放松，步幅要小，上体前倾要稍向运球方向转动；运球脚提起时，膝关节稍弯曲，脚跟提起，踝关节外展，脚尖斜下指，用脚背内侧部位推拨球前进。在比赛中，大多用在改变方向或者为了护球的情况下使用。

4. 运球过人

运球时要逼近防守者，距对方 2 米左右。身体要保护球并用远离防守者的脚控制球。过人时重心要低并落于两脚之间，有利于假动作使对方失去重心，运用拨、拉、扣、挑等技术动作，突然快速地摆脱越过对手。

(二)运球技术训练方法

能够有效提高运球技术水平的训练方法主要有以下几种。

1. 慢跑中培养运球感觉

球感对于运球技术来说是非常重要的，通过下列方法能够使运球感觉得到有效培养。

(1)在慢跑中分别用单脚脚内侧运球、脚背正面运球、脚背外侧运球，运球方向沿直线进行。要求反复进行多次训练。

(2)在慢跑中沿弧线运球。用脚内侧、脚背内侧、脚背外侧沿中圈线做顺时针、逆时针运球练习。要求反复进行多次训练。

(3)慢跑中单脚交替用脚背内侧和脚背外侧运球沿折线运行。要求反复进行多次训练。

(4)在慢跑中双脚交替用脚背内侧运球沿折线运行。要求反复进行多次训练。

2. 简单的运球技术训练

比较常见的较为简单的运球技术的训练方法主要有以下几种。

(1)拨球练习。在一定范围内自由运球,用一只脚做支撑,另一只脚用脚背内侧或外侧拨球绕支撑脚做圆周运球,两脚轮流练习。要求反复进行多次训练。

(2)拉球练习。在一定范围内自由运球,听哨音后用一只脚做支撑脚,另一只脚用脚前掌触球顶部,拉球绕支撑脚做圆圈运动。一步一步拉球。要求反复多次训练。

(3)运球绕杆练习。队员成一路纵队。第一人依此过杆后传球给后人,后人重复第一人的动作,依此进行。若每人一球则可在前一人运球后,次一人即开始,依此运球绕杆到排尾。要求反复多次训练。

(4)抬头运球练习。队员站在教练员对面成一列横队(或不成队形),相距 15 米。教练员给手势后,队员按教练员手势所指方向运球前进,队员要随时注意教练员不断变换的方向和不断变化的位置。要求反复多次训练。

(5)拉球转身 180°运球练习。在一定范围内自由运球,听哨音后用一只脚支撑,另一只脚拉球至身后,沿拉球脚一方转体 180°继续运球。要求反复多次训练。

(6)单脚交替后拉球转体 180°练习。如先用左脚支撑,右脚拉球向后转体 180°,右脚迅速着地做支撑,左脚踏在球顶部,如此交替进行。

(7)扣球转身变向运球练习。在一定范围内自由运球,听哨音后用一只脚支撑,一只脚用脚背内侧做扣球,使球改变方向应在 90°以上,身体随其转动沿改变后的方向继续运球。要求反复多次训练。

(8)运球中扣球变向 180°再运球练习。练习者成一路纵队,第一人向标杆运球越过标杆后扣球急停转身 180°,然后从标杆另一侧运球返回,在返回时第二人可开始运球。要求反复多次训练。

3. 组合训练方法

组合训练方法能够使运球技术得到全面综合的提高，比较常见的组合训练方法主要有以下几种。

(1)扣拨组合练习。每人一球沿折线向前运球，运球中用右脚脚背内侧扣球，扣球后用右脚支撑，接着左脚脚背外侧立即向斜前方拨球，可继续运两步球(或不运球)，然后右脚支撑，左脚脚背内侧向右斜前方扣球后成左脚支撑，接着用右脚脚背外侧向斜前方推拨球，依此进行。进行这种练习应注意扣球方向能保证运球路线沿折线行进，扣球变向的角度不可太大，扣球后另一只脚应立即用脚背外侧拨球。要求反复多次训练。

(2)扣推组合练习。运球中，右脚脚背内侧侧向(或侧后向)扣球，左脚脚内侧推直线球。依此交替进行。要求反复多次训练。

(3)拉、推(拨)组合练习。用右脚将身前的球拉到身后，接着用脚内侧(或脚背外侧)向同侧斜前方推(拨)出，跟上后继续运球，重复上述动作，两脚轮流进行。

四、颠球技术训练

(一)颠球技术

比较常见的颠球技术主要有以下几种。

1. 脚颠球

(1)正脚背颠球。脚向上方摆动，用脚背击球，击球时踝关节固定，击球的下部。颠球时，两脚可交替击球，也可一只脚支撑，另一只脚连续击球。击球时用力均匀，使球始终控制在身体周围。

(2)脚内、外侧颠球。抬腿屈膝，身体重心移至支撑脚上，用脚的内侧或外侧向上摆动，击球的下部，两脚内侧或外侧交替击球，也可单脚连续击球，动作类似踢毽子。

2. 大腿颠球

抬腿屈膝，身体重心移至支撑脚上，用大腿的中前部位向上击球的下部，两腿可交替击球，也可一只脚支撑，用另一侧的大腿连续击球。

3. 肩部颠球

两臂自然下垂或微屈肘，两脚自然左右开立，身体重心移至两脚间。当球下落至接近颠球一侧肩部高度时，肩上耸，击球的下中部将球向上颠起。

4. 头部颠球

两脚开立，膝盖微屈，用前额部位连续顶球的下部。顶球时，两眼注视球，两臂自然张开，以维持身体平衡。

(二)颠球技术训练方法

能够有效发展和提高颠球技术水平的训练方法主要有以下几种。

1. 一人一球颠球

可以通过原地颠球和行进间颠球的方式来进行一人一球颠球的练习，具体如下。

(1)原地颠球。每人一球用某一部位颠球，或用多部位颠球(如脚背正面和脚内侧交替进行)。亦可安排高、低交替颠球，让练习者用某个部位颠几次球后，用力将球颠高接着改颠低球，高高低低，反复交替进行。体会触球部位和力量，可增加难度，提高控球能力。

(2)行进间颠球。每人一球颠球向前移动,保持稳定性,尽量使球不落地。可由慢到快逐步提高练习难度。

2. 两人一球颠球

用脚背、大腿、头部以及身体各有效部位触球,掌握好触球的力量,尽量不让球落地。每人可触球一次或多次后传给对方,连续进行。

3. 四五人一组颠球

(1)四五人一组,围圈用两球颠球。可规定每人触球的次数与部位,也可自由掌握触球的次数和部位。颠传时要注意观察,避免将球传给正在颠球的队员。

(2)四五人一组一球,围圈颠传抢。规定一人在中间进行抢截,周围颠球者可颠传给同伴,待抢截者触到球或颠球者球落地,二者即交换角色。

五、抢断球技术训练

(一)抢断球技术

比较常见的抢断球技术主要有以下几种。

1. 正面跨步堵抢

抢球者两脚前后开立,迎着运球者而站,两膝微屈,身体重心下降并置于两脚间,当运球者与抢球者间的距离缩小到一定范围(即抢球者上前跨一大步可能触及球),运球者脚触球后即将落地或刚刚落地时,抢球者后脚用力蹬地并跨步向前,以脚内侧去堵截球,当已堵住球时,另一只脚应迅速上步。若抢球脚堵住球,两位对手也堵住球时,则抢球者应将另一只脚迅速前移做支撑脚,抢球脚在不脱离球的情况下迅速向上提拉,使球从对手脚面滚过，身体重心也迅速跟上并将球控制好(图 5-17)。

图 5-17

2. 合理冲撞抢球

当防守者并肩与运球者跑动追球时，防守者重心稍下降，靠近对手一侧的手臂紧贴身体，利用对方同侧脚离地的过程，用肘关节以上部位适当冲撞对手同样部位，使对手身体失去平衡，趁机将球控制住(图 5-18)。

图 5-18

3. 正面铲球

移动接近控球者，膝关节微屈，重心下降，当控球者触球脚触球后尚未落地时，抢球者双脚沿地面向球滑铲，随即用手扶地做向一侧的翻滚，并尽快起身。

4. 同侧脚铲球

防守者在跑动中根据双方离球的距离作出判断，当对手不能立即触球时，用异侧脚用力蹬地，使身体向前方跃出，同侧脚沿地面向前滑出的同时向外摆踢（脚踝应有向外的动作），用脚背外侧将球踢出。也可用脚尖将球捅出，接着向对手一侧翻转，手撑地迅速恢复到下一个动作所需要的位置。

5. 异侧脚铲球

当双方都不能用正常的动作触球时（指跑动中），防守者应根据与球的距离，同侧脚用力蹬地使身体跃出，异侧脚向前沿地面对着球滑出，脚底将球铲出，然后小腿外侧、大腿外侧、手依此着地。或铲出球后身体向铲球腿一侧翻转，手撑地后立即起身，使身体恢复到与下一动作衔接的状态和位置（图 5-19）。

图 5-19

（二）抢断球技术训练方法

比较常见的提高抢断球技术水平的训练方法主要有以下几种。

(1)两人一球练习。甲、乙两队员相对站立，队员甲运球跑向乙(慢速)，队员乙选择好时机实施正面脚内侧堵抢技术。

(2)两人同方向慢跑，在跑的过程中两人可做适当的合理冲撞，体会冲撞的时机和冲撞的部位以及冲撞时如何用力等。

(3)两人一球练习。将球放在队员甲脚前，队员乙与其相距两米，队员乙上步做正面脚内侧堵抢练习，当队员乙触球瞬间队员甲也用脚内侧触球。让抢球队员乙体会上步动作及触球部位，两人可轮换做抢球。

(4)一人直线运球前进，另一人由后追赶至适当位置抓住时机进行铲球练习。要求运球者给予适当的配合，使铲球者能在对手运球过程中体会实施铲球动作。要求反复进行多次训练。

(5)一人直线运球前进，另一队员由后赶至成并肩时伺机实施合理冲撞并控制球。练习时要求运球者能给予抢球者配合，让抢球者得到练习，速度可以由慢到中速循序进行。

(6)在两队员前 5 米处放一球，听哨音后两人同时向球跑去。要求两人同时跑动(互相配合)选择适当的位置和时机合理冲撞将球控制。经过一段练习后，可将静止球变为活动球，即教练员持球站立，两队员站立在其两侧，当球沿地面抛出后，两队员同时起动追赶球，利用合理冲撞将球控制住。要求反复多次训练。

(7)铲球练习。一人一球将球放在前面某一位置，练习者选择适当位置站立，原地蹬出做铲球动作练习。当基本掌握铲球动作后，练习者可将球沿地面缓慢抛出，自己追球将球铲掉，以体会如何对滚动的球实施铲球动作。待较熟练地掌握铲球动作后，再用以上方法进行铲控、铲传的练习。要求反复多次训练。

六、头顶球技术训练

(一)头顶球技术

头顶球技术主要有以下几种。

1. 额正面顶球

这种头顶球技术的特点主要表现为：触球部位平坦，动作发力顺畅，容易控制出球方向，准确性强，出球平稳有力。

(1)原地顶球。身体正对来球，两脚前后站立或平行站立，膝关节微屈，两眼注视来球，上体稍后仰，两臂自然张开，挺胸展腹，下颌收紧，顶球时，蹬地、收腹、摆体、顶送发力，当头摆至身体垂直部位时，用前额正面顶击球的后中部，顶击球瞬间，颈部肌肉保持紧张，顶球后继续前送，以便于控制出球的方向(图5-20)。

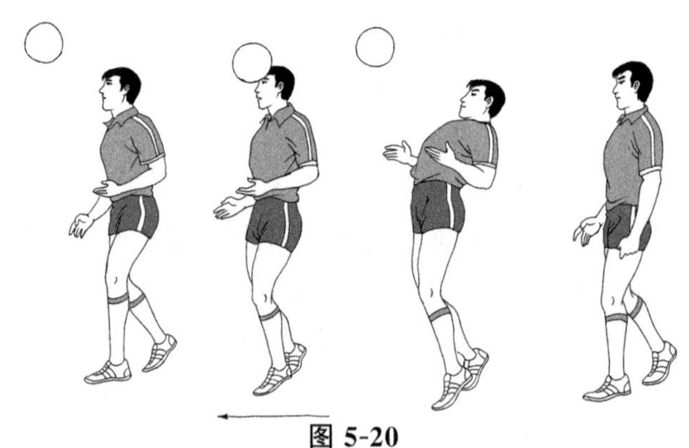

图 5-20

(2)转身顶球。身体稍侧对来球，出球方向一侧的支撑脚靠前站立，以便转体发力。击球刹那，后脚用力向出球方向蹬转带动身体转动，当身体转向出球方向时加速摆体，用前额部顶击球。

(3)跳起顶球。要选好起跳位置，两脚前后站立，维持身体平衡，掌握好起跳时机，起跳脚积极蹬跳发力，手臂协调向上提摆，以加强跳起力量。起跳后，挺胸展腹，形成背弓，两眼始终注视来球。跳至最高点时，迅速收腹摆体，下颌收紧，前额积极迎球顶送发力，顶球后屈膝缓冲落地时，看清球的飞行路线，以便进行下一步动作(图5-21)。

图 5-21

(4)鱼跃顶球。要准确判断来球,掌握好起跳时机和击球点,利用积极后蹬使身体向前水平跃出,两臂微屈前伸,眼睛注视来球。利用身体的水平冲力将球顶出。击球后,两臂屈肘伸手撑地,随后胸、腹和大腿依次缓冲着地(图 5-22)。

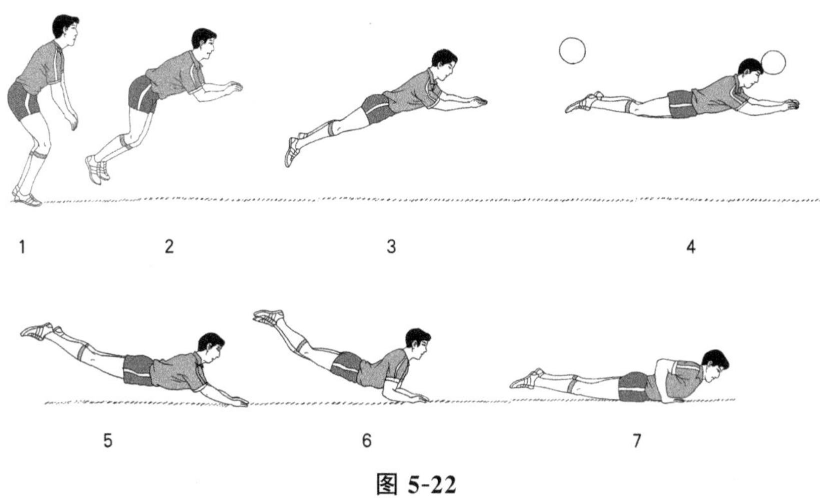

图 5-22

2. 前额侧面顶球

这种头顶球技术的特点主要表现为：击球动作快捷，变换方向突然，顶出球的运行线路难以预测、动作难度较大，侧摆发力和出球方向较难控制。这种头顶球技术对球门威胁比较大。

(1)原地顶球。选择好击球的方向，身体稍侧对来球，两脚自然前后站立，击球一侧的支撑腿在前，身体稍向侧后微屈，重心落在后腿上，两臂自然张开，眼睛注视来球。顶击球时，后脚向击球方向猛力蹬伸，身体随之向出球方向转动侧摆，同时颈部侧甩发力，用额侧部将球击出。

(2)跳起顶球。与额正面的跳顶基本相同，只是在起跳上升阶段，上体应向出球的相反方向侧屈转体。跳至最高点时，上体向出球一侧加速转动，摆体侧甩，可利用脚的侧下方蹬地，加快侧摆速度，用额侧部将球顶出(图 5-23)。

图 5-23

(二)头顶球技术训练方法

能够有效提高头顶球技术的训练方法主要有个人训练和多人训练两种，具体又有不同的训练方法。

1. 个人头顶球训练方法

(1)做各种头顶球的模仿动作练习。要求反复多次训练。

(2)自己双手举球在头前,用前额正面或侧面去触击球,体会触球部位,培养顶球过程中注视来球的习惯。要求反复多次训练。

(3)利用吊球进行练习。改变吊球架上足球的高度进行各种顶球的练习。要求反复多次训练。

(4)利用足球墙进行练习。自抛球由墙弹回时,进行各种顶球练习。这样就更进一步接近场上的实际情况,也能提高自己对来球的判断能力。要求反复多次训练。

2. 多人头顶球训练方法

(1)两人或两人以上在一起进行抛球——头顶球练习,这样可以培养对运行中球的速度、轨迹的判断能力,身体摆动协调正确及出球的准确性等。要求反复多次训练。

(2)顶球射门练习。顶球队员站在罚球弧附近,掷球队员站在球门内或球门侧面将球抛至罚球点附近,顶球队员跑上顶球射门。要求反复多次训练。

(3)两人一球,相距 20 米左右,甲传高球飞向乙,乙再顶回给甲。数次后轮换传、顶球。要求反复多次训练。

(4)向后蹭顶球。三人一组排成一条直线,各相距 10 米左右,甲抛球给乙,乙蹭顶给丙,丙接球后再给乙,乙又蹭给甲,如此循环往复(中间队员可轮流担任)。要求反复多次训练。

(5)争顶球练习。三人一组,一人传球,另两人与传球人相距 20 米以外。传球队员传出高球,两人争顶(一人防守,一人进攻)。这种对抗性的练习,更接近比赛实际情况。可将上述练习移至门前,一人在侧面传高球(或踢角球),另两人在罚球点附近,其中一人向外顶球,另一人向球门里顶球。要求反复多次训练。

(6)鱼跃头顶球练习(在垫上或沙坑里练习)。先进行鱼跃落地动作练习。较好掌握落地动作后，一人抛球，一人在垫上进行鱼跃头顶球练习。最后从原地过渡到跑动中鱼跃顶球练习。要求反复多次训练。

七、掷界外球技术训练

(一)掷界外球技术

比较常见的掷界外球技术主要有以下几种。

1. 原地掷界外球

面对出球方向，两脚前后或左右开立，每脚均应有一部分站立在边线上或边线外。膝关节弯曲，上体后仰成背弓，重心移到后脚上(左右开立时，重心在两脚间)，两手自然张开，拇指相对，持球的侧后部，屈肘将球置于头后。掷球时，后脚用力蹬地(或两脚用力蹬地)，两腿迅速伸直，身体重心由后脚移到前脚，收腹屈体，同时两臂急速前摆。当球摆到头上时用力甩腕将球掷入场内。掷球时，后脚可沿地面向前滑动，两脚均不得离地(图 5-24)。

图 5-24

2. 助跑掷界外球

两手持球放在胸前，在助跑迈出最后一步时，上体后仰成背弓，同时将球上举至头后，掷球时的动作与原地掷界外球动作相同。将球掷出后，后脚可在地面上向前滑行，但不得离地。

（二）掷界外球技术训练方法

通常可以通过以下几种训练方法来提高掷界外球技术水平。

(1)两人一球，相距 15 米，原地互掷界外球。

(2)两人一球，相距 25 米，两端设两条平行线，助跑互掷界外球。

(3)前场界外球战术练习。通过队员跑动，调动对方的防守，将球掷入空当，继续组织进攻；选择掷球力量较大的队员，将球直接掷入罚球区内攻门；将球掷向近门柱的罚球区线附近，由身材高大的前锋将球蹭顶给罚球点附近的同伴攻击球门。

第三节　现代足球守门员技术训练

一、守门员技术

（一）准备姿势与移动

1. 准备姿势

两脚左右开立，与肩同宽，两脚跟稍提起，身体重心落在前脚掌上。两腿屈膝并稍内扣，上体稍前倾，两臂自然屈肘于体前，手指自然张开，目视来球(图 5-25)。

图 5-25

2. 移动

(1)侧移步。向左侧滑步时,先用右脚用力蹬地,左脚稍离地面并向左滑步,右脚快速跟上。向右侧滑步时,动作相同,方向相反。

(2)交叉步。向左侧交叉步移动时,身体先向左侧倾斜,同时右脚用力蹬地,并及时向左前方跨出一步成交叉步,然后左脚向左侧移动,右脚和左脚依次快速移动并蹬地跃出。向右侧交叉步移动时,动作相同,方向相反。

(二)接球

1. 接地面球

直腿式:面对来球,弯腰时两膝伸直,两腿分开,距离不得超过球的直径,两手掌心向上,前迎触球后将球抱于怀中(图 5-26)。

跪撑式:多用于向侧移步接球。接左侧球时,左腿屈,右腿跪撑于左脚附近,距离不得超过球的直径,其余动作与直腿式接球相同(图 5-27)。接右侧球时,动作相同,方向相反。

图 5-26

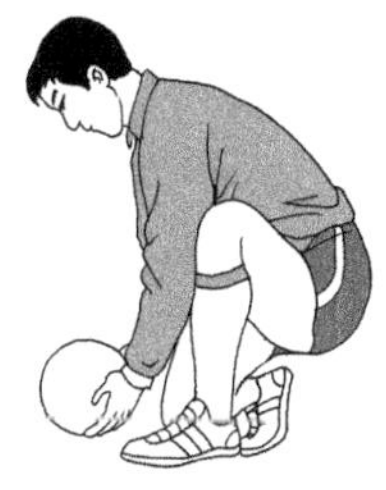

图 5-27

2. 接平空球

接球时面对来球，两手掌心向上，两手小指相靠，前迎接球。上体前屈，当手触球时微后撤以缓冲来球力量，将球抱于胸前（图 5-28）。

图 5-28

3. 接高空球

面对来球，两臂上伸，两手拇指相对呈八字形，其余四指微屈，手掌对球。在最高点手触球瞬间，手指、手腕适当用力，缓冲来球并将球接住，顺势转腕屈肘、下引将球抱于胸前(图 5-29)。

图 5-29

(三)扑接球

1. 扑侧面球

异侧脚用力蹬地，双手快速向侧伸出，一手置于球后，另一侧手置于球的侧后上方。同时身体向同侧脚方向倒地，落地时以小腿、大腿、臀、肘外侧依次着地，落地后即团身(图 5-30)。

图 5-30

2. 扑平空球

完成这一动作时应注意空中展体，手指用力抓住球，接球后以球、肘、肩、上体、臀、腿外侧依次着地并迅速团身（图 5-31）。

图 5-31

（四）托球

判断来球运行路线后，向后跃起托球。托球时手指微张，用手掌前部触球的下部，使球呈弧形越过球门横梁（图 5-32）。

图 5-32

(五)拳击球

准确判断来球运行路线,及时移动到位,握紧拳,在接近球的刹那迅速出拳击球。拳击球有单、双拳击球,单拳击球动作灵活,摆动幅度大,击球力量大(图 5-33)。

图 5-33

(六)发球

1. 手掷球

单手肩上掷球:充分利用后腿蹬地、持球手臂后引、转体挥臂和甩腕力量将球掷出(图 5-34)。

侧身勾手掷球:由于掷球前球从异侧经头顶后将球掷出,作用力距离长,又能较好地借助腰腹力量,故出球速度快,距离远(图 5-35)。

图 5-34

图 5-35

2. 脚踢球

踢空中球:将球置于体前,在球自由下落过程中踢球。它多用于远距离或雨天场地泥泞时。

踢反弹球:体前抛球,球落地后反弹起来的瞬间将球踢出。它比踢空中球准确性要高,速度较快,出球弧度低,隐蔽性强。

二、守门员技术训练方法

(一)模仿训练

(1)准备姿势与移动模仿练习。要求反复训练。
(2)手型模仿动作和手型变换练习。要求反复训练。
(3)倒地接球模仿练习。要求反复训练。

(二)各技术动作训练

1. 扑低平球训练

在松软的草皮或沙地上放置一个活动球门,在球门的两侧前方分别用2个圆锥形标志物做一个2米宽的小球门。在正对小球门12米远处各放一个圆锥形标志物,2名队员各准备数个足球站在2个圆锥形标志物旁边,守门员则站在球门的中间。2名发球队员轮流朝面向自己的小球门踢出低平球,守门员运用滑步将球扑出,然后迅速站起来去扑另一侧的来球,如此反复训练(图5-36)。

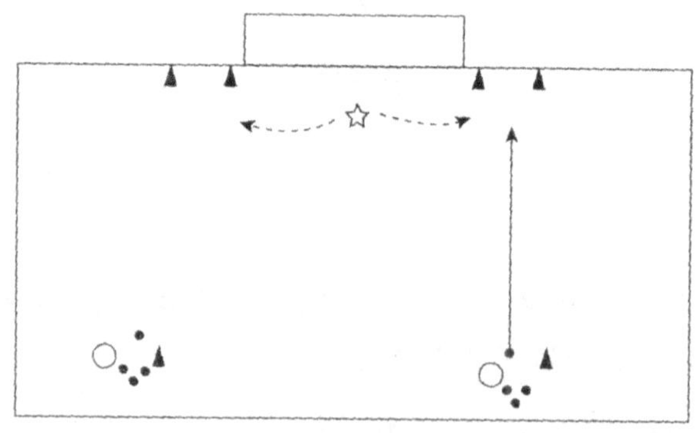

图 5-36

2. 各种地滚球、平空球和高球训练

守门员接由 10 米外踢来的各种地滚、平空和高球。训练时可将踢球者增至 2～4 人，从多方向踢出多种性质的球，提高守门员快速移动中处理球的能力。

3. 鱼跃扑高球训练

守门员站在蹲在地上的队员的左侧，教练员持球站在蹲地队员的前方 3 米处，并将球抛向蹲地队员的右侧，让守门员鱼跃过蹲地队员去扑球或拳击球(图 5-37)。

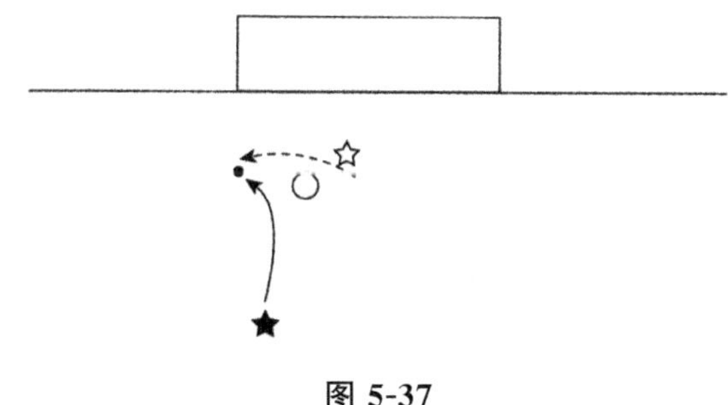

图 5-37

4. 连续扑接球训练

将练习者分为 5 人一组，每轮游戏由 2 组练习者参加。游戏开始，一组为射门组，一组为守门组。射门组的练习者每人持一球，将球平行摆放在罚球区的线上，完成连续 5 次射门。防守组每次选派一人站在球门内充当守门员，完成 5 次射门训练后双方交换角色。2 组都完成射门和守门后游戏结束，进球最多的一组获胜(图 5-38)。

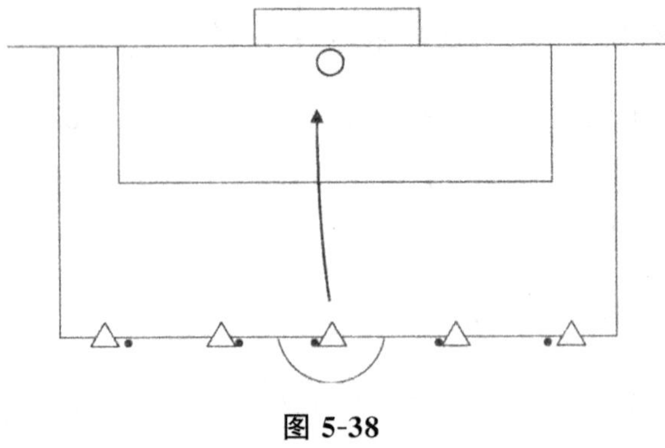

图 5-38

5. 守门综合训练

练习者在五人制比赛场地中进行训练。每轮游戏由一人充当守门员,剩下的人负责射门。游戏开始前,守门员背对射门者,站在球门线上。射门者在点球点后排成一路纵队,轮流射门。游戏开始,射门者依次将球放在点球点上将球射向球门。在射门触球前,射门者必须大声呼喊守门员的名字,守门员迅速转身做出扑救动作。一轮游戏完成后,练习者交换角色继续游戏,直至所有人都完成各个角色后结束(图 5-39)。

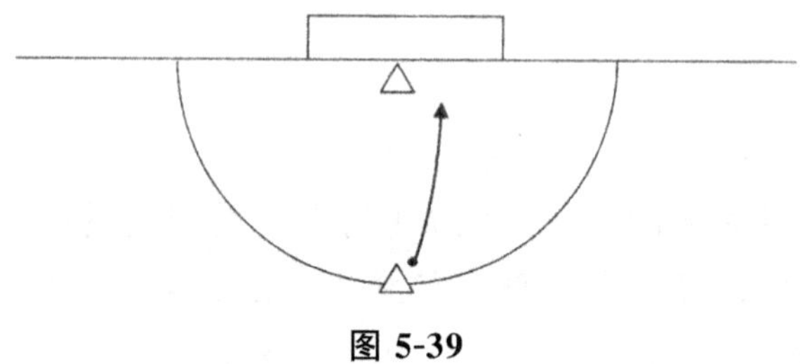

图 5-39

第六章　现代足球战术训练

在足球比赛中，为了战胜对手，运动员以实际情况为依据而采取的个人或者集体配合的方法和策略就是所谓的足球战术。随着现代足球技战术的发展，战术的选择和运用在足球比赛中发挥着越来越重要的作用，所以在现代足球训练中，要重视和加强运动员战术的训练。本章将就现代足球战术训练进行分析与研究，以期为运动员提供更科学的战术训练指导。

第一节　现代足球进攻战术训练

随着足球运动的发展，人们越来越注意到战术在比赛中的重要性。比赛能否胜利很大程度上取决于能否对战术进行合理的组织与准确的运用。足球战术水平因为职业足球的兴起与发展而发生了质的飞跃，表明现代足球运动在整体上都在随着时代前进的步伐而不断突破。例如锋卫队员的职责因为全攻全守战术打法的普遍运用而发生了变化。全队队员在上下、左右都要进行大范围、灵活、随机的配合，队员之间的位置与各自职责也随着赛场上情况的突变而进行灵活的应对。

运动员仅仅依赖体力与技术在赛场上奔跑已经不能满足现代足球战术发展的需要了，运动员目前的发展方向是成为全攻全守全面化的运动员。需要注意的是，队员位置与职责突破了以往的机械化分工并不代表运动员可以随意站位，其职责也不是可以随意改变的，对于运动员的位置与职责依然有基本的分工与安排，只是要求运动员要全面掌握战术，能够根据具体情况表现出自己全能的一面，无论赛场的变化要求其处于什么位置，其都要履行好自己的职责。

从上述足球战术发展的趋势来说，足球战术的训练十分重要。足球战术训练主要包括进攻战术训练、防守战术训练以及定位球战术训练。本节着重对进攻战术训练进行研究。

现代足球进攻战术包括以下三类。

个人进攻战术，包括传球、射门、运球、过人、接球、掷球、摆脱、跑位等。

局部进攻战术，包括传切二过一配合、交叉掩护二过一配合、"三过二"配合等。

集体进攻战术，包括阵地进攻战术、快攻战术等。

下面对以上三类进攻战术训练进行分析。

一、现代足球个人进攻战术训练

（一）个人进攻战术解析

1. 传球

传球是足球训练和比赛中运用最多，也是最为重要的技战术手段。传球的目的主要有两个，一是将球传到同伴的脚下，二是向有利于同伴的空当传球。在比赛中要掌握好传球的时机和力度、落点及旋转，要有利于同伴控制球和处理球，以达到传球的目的。

为了更好地达到各种传球的预期效果，要注意培养良好的传球意识、隐蔽传球意图、把握传球时机，并提高传球的准确性。另外，在传球时还应注意以下几点。

（1）及时把握向前传球的机会。

（2）所选择的传球路线应尽量避开对方的抢截球半径和断

球的可能。

(3)多考虑采用中距离传球。

(4)传出球的弧线要与接球者跑动切入的方向一致。

(5)传出球的弧线要与冲顶射门的同伴的跑动方向相反。

(6)顺风时传球力量适当减小,少传直传球和长传球,逆风时传球力量应大些,多采用短传球和低球。

2. 跑位

跑位是无球队员在场上,通过有意识地跑动,为自己或同伴创造进攻机会的行动。跑位时起动要突然,变向、变速要快。跑位一般有两种方式,即套边跑和身后跑。

(1)套边跑。从持球队员身后绕向外侧的跑动(图 6-1)。

(2)身后跑。身后跑是一种插入到防守者身后的跑位,致使防守者很难观察进攻者的行动。❶号防守队员看不到插入身后的进攻队员,此时❷号防守队员必须死盯插入的进攻队员,失去了对❶的保护(图 6-2)。

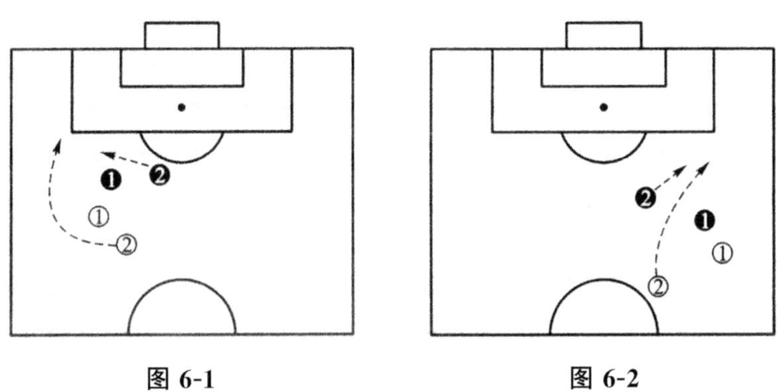

图 6-1　　图 6-2

3. 接应

接应持球队员的同时,要考虑到与持球队员的距离、角度与呼应。

(1)距离。接应的距离与接应时的场区、对方的防守压力有着密切的关系。对方在场上的防守压力以及队员的个人习惯决定了其所选择的适当的接应距离。另外,接应距离也受比赛场地条件的影响。把握好接应距离是做好接应的重要保证。

(2)角度。接应中角度的选择应遵循便于传球和接球的原则,接应队员应根据场上对手的位置而进行调整,一般应是靠内侧与持球队员形成一定的角度。

(3)呼应。呼应是接应队员与同伴之间保持联系的信号,这也是接应技巧的组成部分。

4. 运球突破

运球突破是撕开对方的防线,创造以多打少局面的锐利武器,这也是创造传球机会和射门机会的有效手段。在进行运球突破时,应注意以下几点。

(1)控制好球,护好球。

(2)把握好运球突破的时机、距离和方向。

(3)运球逼近、调动、超越、摆脱对手的各个技术环节衔接要连贯、紧凑。

(4)突破对手后,要及时射门或与同伴进行传球配合。

(5)运球突破战术的运用要机动灵活。

(6)在本方后场不要滥用运球突破,可能会造成失去进攻机会或给本方造成被动局面。

5. 射门

射门是足球比赛中一切进攻战术配合的最终目的和进攻得分的唯一手段,也是进攻战术最重要、最困难、最振奋人心的环节。在射门时,应注意以下几点。

(1)在前场罚球区附近的持球队员的首要选择就是射门。

(2)若前场持球者在暂无本队队员接应且只有一位防守者防守时,应坚决突破射门。

(3)“快”“准”是射门战术的要领意义，所以接近球要快，动作衔接要快，判断落点要准，射向目标要准。

(二)个人进攻战术训练理念

个人进攻战术是指在足球比赛中为了战胜对手而采取的符合整体进攻目的的个人行动。足球局部进攻战术和整体进攻战术的构成离不开个人进攻战术这一重要的环节。局部进攻战术和整体进攻战术的质量会直接受个人进攻战术行动水平高低的影响。传球、射门、运球突破和摆脱跑位等是个人进攻战术的主要内容。

(三)个人进攻战术训练方法

(1)移动接球。接应队员避开障碍物旗杆，向两边空当接同伴的传球。接球后再回传给同伴，再向另一边移动接球，以此重复练习。可定时交换练习。

(2)在 40 米×40 米方形场内进行同时多人、多球的传球与接应练习。重点是选择传球目标，观察、呼应与跑动接应。随着练习的熟练，可以增加练习用球的数量和限制触球次数。

(3)一抢二练习。在长 25 米、宽 15 米的范围内进行一人抢球，二人传控的练习，控球一方的无球队员要积极选位接应。防守者抢到球即成为控球一方，由失误的队员担任防守者。可计时交换位置重复进行练习。

(4)交叉换位。将人员分成两组，在前场进行交叉换位跑动，队员 A 与队员 B 交叉换位后接队员 C 的传球，再进行配合射门。

(5)第二空当跑位。接应者队员 A 快速跑向由同伴队员 B 拉出的第二空当，接队员 C 的传球射门。

二、现代足球局部进攻战术训练

(一)局部进攻战术解析

1. 传切二过一配合

传切配合是局部进攻战术中最常用的战术方法,它是指控球队员将球传给切入的进攻队员的配合方法。局部传切和转移长传切入是传切配合的两种形式。

(1)局部传切配合。根据传切线路,可分为自传斜切(图6-3)、斜传直切(图6-4)。

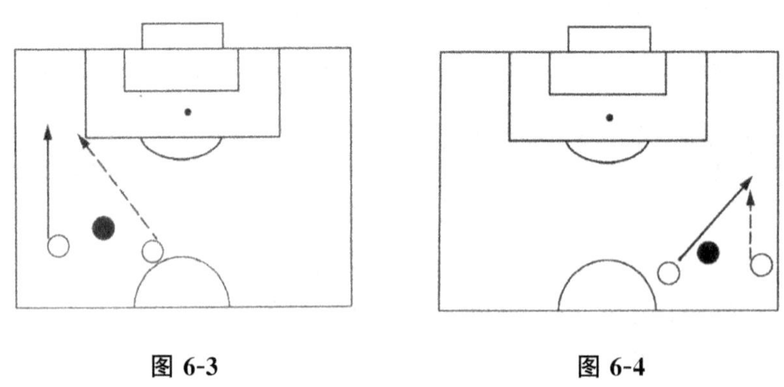

图 6-3　　图 6-4

自传斜切与斜传直切的配合非常简单、实用,只通过一次传球和切入就可以轻易越过一名防守队员。在使用时,两名进攻队员要注意保持适当的距离。控球队员可以通过采用带球或其他动作,来诱导防守者上前阻截。

(2)转移长传切入。当进攻一侧对方防守紧逼时,可以通过长传将球转移到另一侧,切入队员得球后展开进攻。

2. 交叉掩护二过一配合

交叉掩护配合是指在球场的局部区域2名进攻队员在带球交叉换位时，以自己的身体掩护同伴越过防守队员的配合方法(图6-5)。

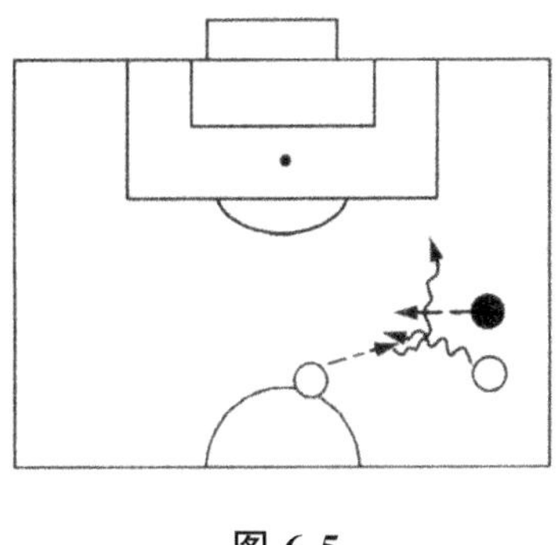

图6-5

3. 三过二配合

“三过二”是在比赛局部进攻时，3个进攻队员通过连续配合突破2个防守者的防守的配合。

(1)如图6-6所示，⑦持球，⑥假接应，⑨斜插把防守支开，⑥插上至⑨制造出的空当接⑦的传球，突破防守。

(2)如图6-7所示，⑨向后跑动接球，再将球传给⑥，⑦假动作并伺机从内线切入接⑥的传球突破防守。

(3)连续二过一。连续二过一至少由两组二过一配合组成(图6-8)。

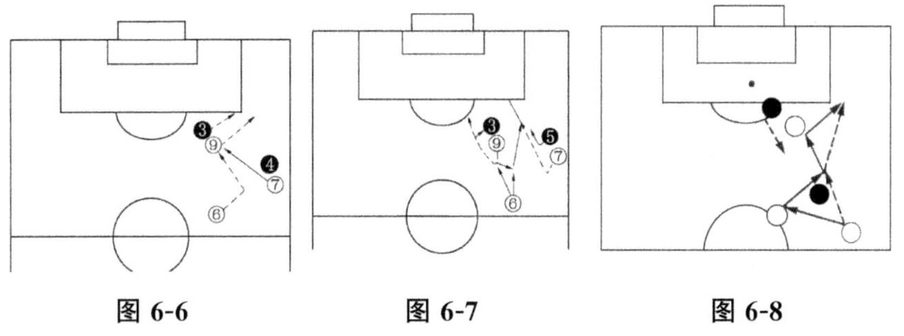

图6-6　　图6-7　　图6-8

4. 局部配合注意事项

(1)在传切配合时要注意传与切要恰到好处,球动人动,在平时的训练中就要培养传跑的默契,否则接球球员极易落入守方的越位陷阱中。

(2)交叉配合时,带球队员要用身体护住球,并挡住防守队员,将球传给同伴后,要继续向前跑动。

(3)交叉配合时,接球队员必须主动迎面跑向带球同伴,交叉距离贴近,接球后快速向前带球。

(4)三过二配合时,三名进攻队员应始终保持一个三角形,一人持球,另两人应一接一插或一拉一插,不要二人同时接或插,在接、插的时间上应稍有先后。

(5)"中场指挥官"的调度球要求视野要开阔,要有全局意识和极强的阅读比赛的能力,选择最有威胁的进攻线路传球。

(6)配合要简练、默契、协作和紧凑。

(二)局部进攻战术训练理念

局部进攻战术是整体进攻战术的基础,它是指在局部区域内由 2 个或 3 个队员组成的小组配合,无论是多复杂、多少名队员参加进攻战术配合,都是由 2 个或 3 个人配合组成。在比赛中球场上的任何区域,都可以进行二过一、二过二配合,所以这些配合质量的高低,与一个球队的战术水平有着很大关系。比赛中,在防守队员紧逼盯人防守下,进攻队员利用摆脱、跑位等动作,制造出局部区域二过一的局面。

(三)局部进攻战术训练方法

(1)各种二对一射门练习。

(2)踢墙式二过一练习。

(3)连续斜传直插二过一练习。

(4)在罚球区前10米×10米范围内进行二过一配合射门练习。

(5)在10米×20米场地上设两个球门进行二对二练习，须有一人为守门员，在规定时间里相互展开攻守。

(6)各种无固定配合吸纳率的踢墙式二过一练习。

(7)回拉接应反向切入射门练习。

(8)间接二过一射门练习。

(9)半场中路进行三对二射门练习，规定最多三次传球之后必须射门。

三、现代足球整体进攻战术训练

(一)整体进攻战术解析

1. 快攻战术

快攻战术是由守转攻时，趁对方来不及调整防守策略，通过简便快速的传递配合创造射门机会的战术。它是最有效的一种进攻战术。快攻的形式有三种。

(1)守门员获球后，若对方三条线压的比较靠前，守门员就迅速用脚踢给本方埋伏在对方后卫线附近的突击队员，或者用手抛给中场占据有利位置的同伴，创造快速突破的机会。

(2)在中前场截得对方脚下球迅速发动进攻。

(3)获得任意球，快速罚球也能形成快攻机会。

2. 阵地进攻战术

(1)边路传中。边路传中是指从对方半场的两侧发动进攻，并以传中创造射门机会为目的。边路进攻直接得分的可能性较小，大多都是由边路突破传中后，中路和异侧同伴包抄完成射门。边路传中的时机主要有以下几个。

第一，在对方后卫线与守门员之间出现较大空当，本方队员切入时,控球队员传中。

第二,当本方队员插上或者包抄到位时,控球队员选择传中。

第三,对方守门员贸然出击,没有选择恰当的位置时,控球队员选择传中。

第四,防守队员和进攻队员同时面向球门奔跑时,控球队员可选择传中。

第五,当突破边后卫的防守后,补防的中后卫还没有及时封堵住传中路线时,控球队员可选择传中。

(2)中路渗透。后场发动进攻、中场发动进攻和前场发动进攻是中路渗透的三种形式。

①后场发动进攻。后场发动进攻的主要方法有:守门员发动进攻(图 6-9)、后卫发动进攻(图 6-10)。

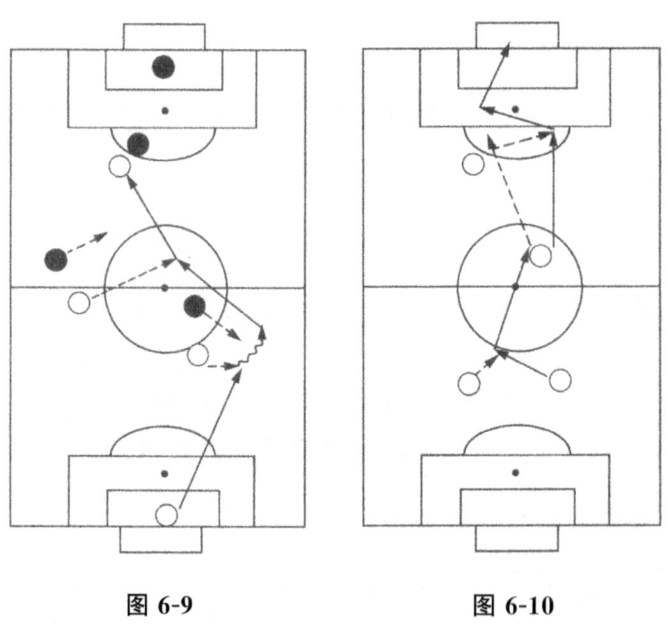

图 6-9　　图 6-10

②中场发动进攻。中路渗透战术的配合主要由中场发动,组织核心的角色是前卫队员。常常采用短传配合的方法来进行,并以各种二过一来摆脱对方的防守。具体打法如图 6-11、

图 6-12 和图 6-13 所示。

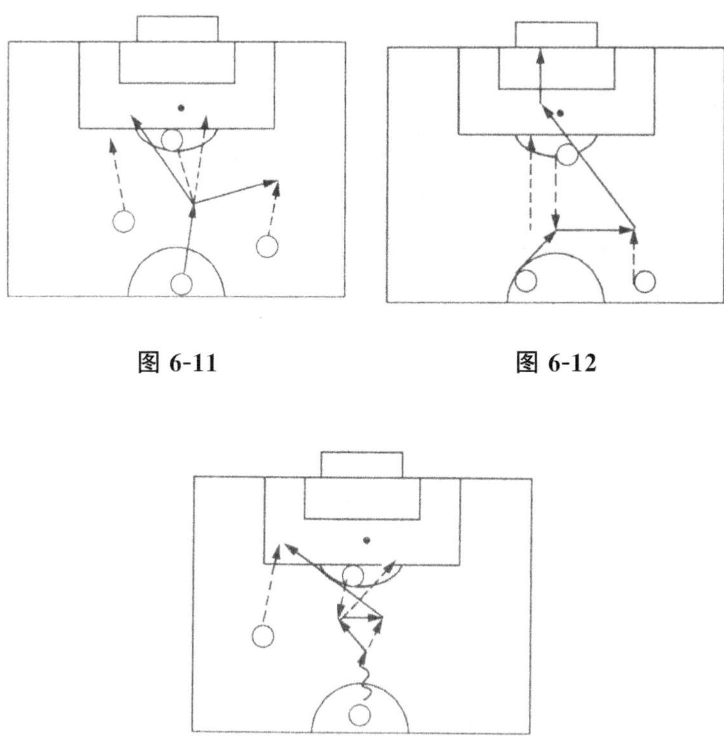

图 6-11

图 6-12

图 6-13

③前场发动进攻。前场发动时，是依据前锋后撤在其身后所留出的空当进行反切插入，最有效的突破对方中路密集防守的方法就是在罚球区附近做踢墙式二过一配合。

(3)中边转移。当中路渗透没有达到目的后，要及时往边路进行转移，以此来分散中路守方的注意力，然后由边路突破再将进攻方向转到中路。通过中边转移可以打乱对方的防守战线，利用空当，创造破门得分的机会。

3. 整体进攻注意事项

(1)整体进攻时，切忌队员有个人冲动行为，要有较强的机体观念。

(2)只有把握好进攻时机,队员相互之间默契配合,才能有制胜的把握。

(二)整体进攻战术训练理念

整体进攻战术种类繁多,根据不同的标准有着不同的分类。例如,根据进攻的方向,可分为中路进攻、边路进攻和中边路转移进攻;根据位置不同,可分为换位进攻和插上进攻;根据速度快慢,可分为逐步进攻和快速反击;根据定理可分为阵地进攻、拉锯进攻和密防反击等。一次完整的进攻可分为发动、发展和结束三个阶段,但这三个阶段并不是绝对的,有时在发动或发展阶段就被对手阻截或破坏,也有时在抢到球后就传中或射门。因此,战术的组织要尽量简练、实用、快速,以求缩短完成进攻所需要的时间,以降低进攻过程中所造成的失误,达到射门的目的。

1. 阵地进攻训练理念

当防守的队员退回到本方半场的防守位置时,对于攻方的进攻来说就转为阵地进攻。阵地进攻的特点主要是守方没有大的空当,攻守人数基本平衡。进行阵地进攻时,要通过整体的配合来控制好球,并充分利用球场的长度和宽度积极跑位,寻求突破的机会,但对方的防守出现漏洞时,要果断地展开进攻。这种情况下,还要防止对方断球后的快速反击。因此,阵地进攻对战术及其变化有着较高的要求。阵地进攻包括边路、中路、中边路转移进攻。

(1)阵地进攻时原则。

①位于前场和中场的进攻队员要机动灵活地跑位,来调动和拉开对方的防线。

②其他队员要尽量为持球队员提供帮助,在有球一侧进行短传配合,然后突然向另一侧转移展开进攻。

③由于场地的两侧防守队员较少，空隙较大，应在这一地区发动进攻，进行突破射门或传中由同伴包抄射门。

④控球队员应首先选择向前传球，以加快向前推进的速度。传球要准确、简练。

⑤加强中远距离射门。以便拉出门前区域的防守队员。

(2)阵地进攻中的边路突破传中与射门。边路进攻是指在球场的两侧发动，在对方半场两侧展开进攻。这主要是因为在球场两侧的防守队员相对较少、空隙较大，攻方在这一地区容易发动进攻，突破防线，创造射门机会。

①切入射门的形式

边路控球队员的切入射门形式主要有两种，一是个人带球突破射门，二是与同伴配合切入射门。

②边路传中射门的方法

边路传中射门的方法主要有个人运球突破和传球配合突破两种方法。

A. 个人运球突破：个人进攻战术中的锐利武器，运球突破队员可利用假动作、变向、变速等方法突破防守对方。

B. 传球配合突破：传球配合在边路运用最多，主要的方法有前锋之间、前锋与前卫、前卫之间、边卫与前卫、边卫与前锋之间的配合等。

2. 中路与中边转移进攻训练理念

由于从中路进攻离球门近，角度大，如果成功突破，会造成很大的威胁，而且得分的可能性也大，所以防守队会在禁区附近部署重兵进行防守，激烈的拼抢使中路突破防线的难度增大。因此，在具体组织进攻时，要根据本方的特点和对手的实际情况，确定是采用以中路为主结合打边路，还是以边路为主结合中路的战术打法。

3. 快速进攻训练理念

快速进攻包括中路突破、边路传中、中路转移进攻。快攻是一种最有效的进攻战术。

在运用快攻战术时,应遵循以下几个原则。

(1)具有开阔的视野。

(2)能进行纵深的长传。

(3)在无球时至少能够快速奔跑40米左右。

(4)具有快速进攻中的停传球技术。

(三)整体进攻战术训练方法

1. 边路进攻练习

分为两队,每队5~7人可在70米×50米的场地上进行,但在距边线处的场地两侧另加两个6~7米宽的小球门,进攻队员必须先将球传过两侧的任何一个球门后才能射门。练习规则是运动员必须先通过边路的小球门再射入正式球门,才能得分;进攻时队员要有意识地通过配合或个人突破越过小球门,从边路组织进攻。

2. 边路传中与中路射门练习

教练分别将球传给⑦号和⑧号队员,两队员接球后传给接应的⑨号和⑩号队员做二过一配合,然后快速运球传中,⑨、⑩队员号抢点射门(图6-14)。

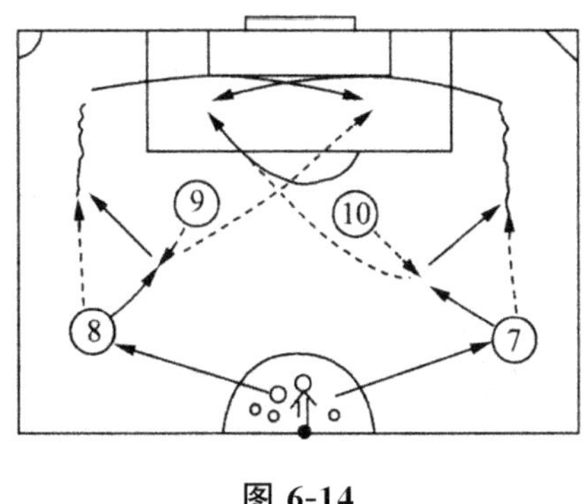

图 6-14

第二节　现代足球防守战术训练

现代足球防守战术包括如下三类。

个人防守战术：包括盯人、选为、抢截等。

局部防守战术：包括保护、补位、临近位置配合等。

集体防守战术：包括区域盯人、混合盯人等。

下面对三类足球防守战术的训练进行分析。

一、现代足球个人防守战术训练

（一）个人防守战术解析

1. 选位与盯人

选位是指防守队员在防守时选择合理的位置进行防守。一般来说，防守队员选位应站在对手与本方球门中心所构成的直线上。盯人是在选择正确的位置后，对所要防守的对手进行监控，严密控制其进攻行动。在选位与盯人时，要做到以下几点。

(1)要在进攻队员之前及时选位。

(2)所选的位置应位于进攻队员、防守队员和本方球门中点三点所成的直线上,并保持适当的距离。

(3)盯人防守是进行选位的主要目的,同时还要对球与空间情况的变化进行兼顾与考虑。

(4)所选的位置要与同伴组成纵横交错的三角或菱形网络队形。

(5)在以多防守或以少防多时,要以具体的情况和任务目的为依据进行灵活选位。

(6)在选择正确的位置后,应根据不同场区和任务,对进攻队员进行紧逼盯人或松动盯人。

2. 抢球

抢球是指将对方控制的球抢断下来或破坏掉。在运用这种战术时,要保证集体防守的稳固。抢球既是一项重要的个人技术,同时也是个人防守能力的重要标志。抢球时应做到以下几点要求。

(1)正确的站位。抢球首先要选择在持球对手与球门中点之间站位,这是对方运球突破的必由之路,当对方运球向两侧扯动时,即为抢球创造条件。

(2)合理的距离。与持球对手之间通过移动保持恰当的距离。

(3)准确的时机。在对手没有稳稳地将球接控好时,或在对手做控、运球两个触球动作时,将球抢下来或破坏掉。

3. 断球

从途中拦截对方的传球或对对方的战术行为进行破坏的行为就是断球。想要转守为攻,断球就是一种最有效最可取的战术行动。要想法设法快速反击,使对手来不及反抢。断球的要点主要包括以下几个方面。

(1)正确的判断。要判断持球队员与接应队员的意图,预测传球的时间和路线。

(2)合理的位置。在正确选位之后,移向有球的一侧,同时要把握好时机,在对方将球传出后,快速插向传球路线,动作要比接球队员快,这样才能顺利截断球。

4. 个人防守战术注意事项

(1)抢球时要站稳,动作要勇猛,抢球后迅速发动进攻。

(2)如果未能成功抢下球,要快速转身及时换位进行回防。

(3)不要紧逼盯防接球队员,隐蔽断球意图。这样既可以防止对手向自己身后空当传切,又可以诱使对手向自己身前的对手传球。

(4)要顾全防守全局,抢球和断球前要分析攻防全局的态势,抢球前要考虑整体防守是否稳固;以少防多时,断球一定要慎重,一旦出现失误,将造成全局的被动。

(二)个人防守战术训练理念

个人防守战术是指为了防守和控制进攻队员而采用的个人战术行动。它要顺从全队的战术行动,以体现出整个战术的特征。个人战术行动是整体战术的基础,主要包括选位、盯人、断球等。

(三)个人防守战术训练方法

1. 结合位置的诱导性进行有球练习

在半场内全队按照比赛阵型分别站好各自的位置,一个人多方向控运球,各位置随球方向的变化做选位练习。

2. 诱导性有球练习

进攻队员在离球门 16～20 米距离内做横向运球,防守队员练习选位。

3. 一对一盯人练习

在半场内，两人一组，进攻队员向球门做变向与变速运球，防守队员进行盯人练习。

4. 无球结合球门的练习

两人一组，面对面站立，相距 2 米左右，一攻一守，进攻队员做摆脱跑动，防守队员做选位盯人练习。

二、现代足球局部防守战术训练

(一)局部防守战术解析

1. 保护

保护是指在同伴防守对手时，自己通过选择有利的位置来协助同伴防守，防止对手突破。这么做可以给正在逼抢控球队员的同伴心理和行动上以支持，使同伴没有后顾之忧，全力进行逼抢。一旦同伴被控球队员突破，保护队员可以及时对对手的进攻线路进行封堵或夺回控球权。如果同伴夺回控球权，保护队员还可以及时接应并发动进攻。在进行保护时，要选择距离适当的斜线站位，这样可以避免对方突破一点后使己方防守战线崩溃。

2. 补位

补位是指防守队员之间相互协作的防守配合行动，也是防守队员对同伴在防守中出现的过失进行弥补时所采取的战术配合。在足球运动的比赛中，队员之间的相互补位能够对对方的进攻行动造成有效的破坏，从而由被动向主动转化。补位的形式主要有以下几种。

(1)队员去补空当,比如边后卫插上助攻时,就有一个同伴暂时补他的位置,以防止插上进攻失误时,对方利用这个空当进行反击。

(2)当同伴被突破之后,保护队员的补位防守要及时,要夺回球或将对方的进攻路线阻断。被突破的队员要迅速后撤,对适当的位置进行选择后履行保护队员的职责。

(3)在守门员出击时,后卫队员要及时回撤到球门线附近,弥补守门员的位置,防止守门员出击出现失误,对方突然射空门的情况。

3. 围抢

围抢是指在防守时,几名防守队员同时进行围堵、抢断某局部地区对手控球队员的默契战术配合。在球场中,防守队半场的两地底角和中场的边线附近是实施围抢最为有利的位置。进行围抢时要注意以下几点要求。

(1)在围抢的局部地点守方人数占有优势,而且距离比较近,思想统一。

(2)在对方进攻推进缓慢或者局部配合过多、缺少转移进攻的时候,要迅速组织围抢。

(3)被围抢的队员还没有将球控制好时,如果附近没有接应队员,或者没有合理的传球路线时要及时进行围抢。

(4)通常要在边、角场区,在对方的身体方向和观察角度较差时或在守方门前接球、运球、射门时,坚决进行围抢封堵。

4. 局部防守注意事项

(1)要保持适当的距离,进行保护和围抢。

(2)保护队员要灵活地选位和调整角度,若同伴堵内放外,保护队员选位的角度要偏向外线;若同伴堵外放内,保护队员选位角度应偏向内侧,配合同伴形成夹击之势。

(3)保护队员还可以通过语言来指挥同伴抢截和选位,同时要让同伴知道自己的保护位置,使防守配合更加默契。

(4)若防守队员能够追上对手,尽量不要交换防守和进行补位。

(5)保证罚球区及附近的危险区域不出现空当。

(6)围抢时,要力争成功,不能疏漏,避免对方突破而造成被动防守。

(7)要采用贴身逼抢的方式进行围抢,但要切忌不可犯规,尤其要避免在门前犯规,犯规被罚点球可能会造成不可挽回的损失。

(二)局部防守战术训练理念

局部防守战术是指两名或两名以上的防守队员相互配合进行防守的方法,它是集体进行防守战术的基础。保护、补位与围抢是局部防守战术基本配合的主要形式。

(三)局部防守战术训练方法

(1)在 10 米×30 米的 3 个方格内进行练习(图 6-15),S 将球传给被❶号队员盯防的①号,❶号的任务是迫使①号横向活动并阻止其达到对面的端线。❷的主要任务就是保护❶。

(2)练习在 30 米×20 米的 6 个方格内进行,每方格内有两名队员,其中包括一名守门员(图 6-16)。两端设球门,在进攻队员距离球门较近,射门无阻拦时,鼓励队员多射门,以增加其信心和勇气。要求防守队员必须严密紧盯对手,阻止其射门。

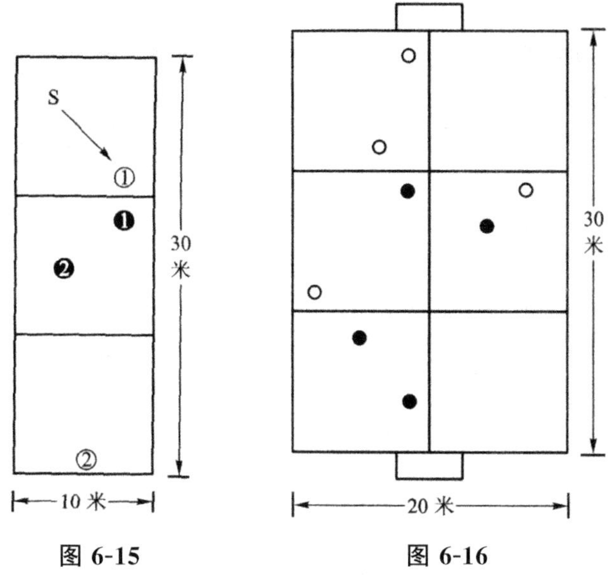

图 6-15　　图 6-16

(3)二对三攻守练习，在 10 米×20 米的场地上进行，当进攻者突破一名防守者时，临近的两名防守者进行补位练习。

三、现代足球整体防守战术训练

(一)整体防守战术解析

1. 人盯人防守

人盯人防守是指在比赛中每一个防守队员都盯住一个对手，并对对手的进攻线路进行封锁，控制对手的活动和传球、控球的配合方法。这种战术的主要特点就是在全场攻守中，两两对垒的情况在每一个时间和空间中会让每一个进攻队员始终处于压力之中。

2. 区域盯人防守

区域盯人防守是防守方根据场上队员的位置分布，每个防守队员在一个区域进行防守，在对方队员跑到本区域时，积极展开防守，对对手的进攻进行限制的配合方法。在对这种防守战术进行使用时，每个防守队员都要明确自己的任务，还有与同伴相互协作，若某一区域盯人防守失败时，邻近队员要及时补位，被突破的防守队员应及时与其换位，以实现有效的整体防守。

3. 混合盯人防守

混合盯人防守是指人盯人和区域防守相结合的一种防守配合方法。这种防守战术最大的特点是可以根据对手的情况，将盯人防守和区域盯人防守的优点得到充分、灵活地利用，以此来使全队防守的效益提高。混合盯人防守，通常将体能素质高、个人作战能力强的防守队员作为人盯人防守中盯住对手的核心球员，其他队员则采用区域盯人防守。

4. 整体防守注意事项

(1)整体防守需要每名防守队员都要具备较强的个人作战能力，特别是在使用人盯人防守战术时，对防守队员个人作战能力有着更高的要求。

(2)防守队员之间要相互协作，默契配合。在同伴出现防守失误时，邻近的防守队员要根据场上的情况，进行迅速、灵活补位，以保证整体人盯人防守的严密性。在进行区域或整体防守时，防守队员要具有整体感，不可贸然行动。

(3)每一个防守队员都要具有较强的体力素质。这是因为在全场范围内，防守队员要始终不停地奔跑和逼抢。

(二)整体防守战术训练理念

整体防守战术是指在比赛中全队所采用的防守战术配合。根据盯防模式，整体方式可分为人盯人防守、区域防守、混合防守三种；根据打法，又可分为向前逼压式打法、层次回散式打法和快速密集式打法。

（三）整体防守战术训练方法

（1）无对抗的7人区域防守练习。⊗将球传给⑩，所有队员按箭头所示向⑩移动，放开⑦；⑩将球回传给⊗，所有队员向⊗移动；⊗传球给⑦，7名防守队员又向⑦移动，放开⑩，如此反复做若干次练习（图6-17）。

（2）有对抗的区域盯人防守，如6攻7练习。进攻一方利用套边、中路渗透、灵活跑位配合进攻。防守一方积极抢断。⑨远离❻控球时，❻不盯⑨，而是在原地等待⑨带球前进时再进行堵抢。如果⑨插向❺和❹之间的空当，❻回撤紧盯⑨，或者❺移动盯⑨，❻回撤至❺空出的防守区域保护❺，使中路防守始终保持一人轮空保护（图6-18）。

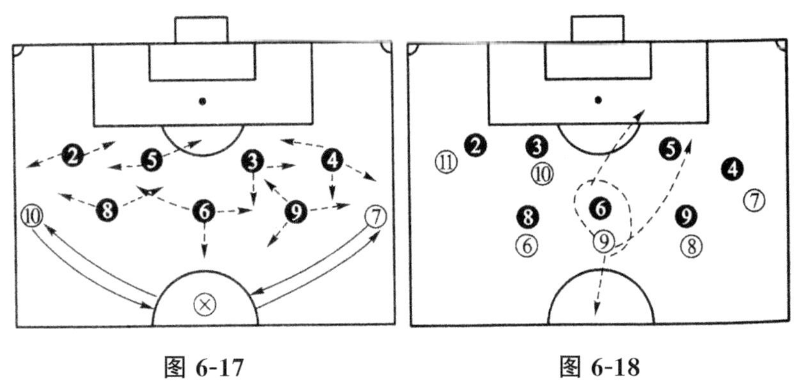

图6-17　　图6-18

第三节　现代足球定位球战术训练

定位球战术可分为任意球战术、角球攻守战术以及界外球攻守战术三类，下面着重对这三类定位球战术的训练进行研究。

一、现代足球任意球战术训练

(一)任意球进攻战术训练

1. 任意球进攻战术解析

(1)罚球弧区域的任意球进攻。在前场罚球弧区域获得直接或间接任意球时,防守方会通过排"人墙"来封住部分球门,守门员也会选在能够看清球和罚球队员的动作,又能兼顾整个球门防守的站位。因此,进攻方所能选择的打法进行劲射和从侧面绕过人墙及越过人墙上空后以下旋的弧线球射门。同时,挡住守门员视线,使其看不到球和罚球队员的动作,以减慢守门员的反应。

①直接射门。

A. 如图 6-19 所示,两名进攻队员在离罚球点 5～6 米处排墙,队员身体和双脚靠拢,注意力集中于球,挡住守门员视线。罚球后,队员分别向右和左转身冲向球门准备补射。

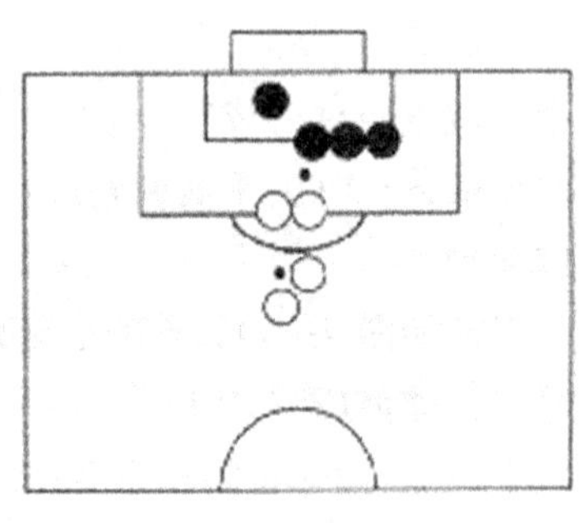

图 6-19

B. 如图 6-20 所示,②号助跑时,①号先跑向球和球门之间,接着从球和球门的外侧弧线跑动,并准备补射。

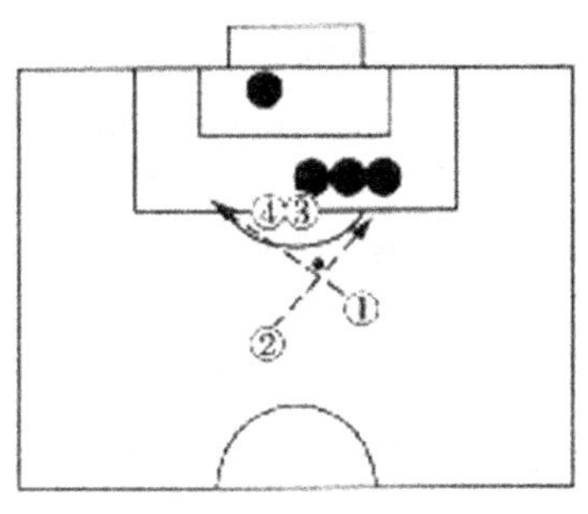

图 6-20

②攻方排墙，一拨一射。不能直接射门时，攻方可用排墙后一拨一射的方法达到避开人墙的封挡、增大射门角度的目的。

如图 6-21 所示，③④号在离球 5 米左右处排墙阻挡守门员视线。罚球时，①②号谁拨谁射，要根据情况和在何处加大射门角度而定。可以②号向左轻拨，守门员的左侧空当暴露，①号用左脚射远离守门员的直线或弧线球，将对球门产生极大的威胁。

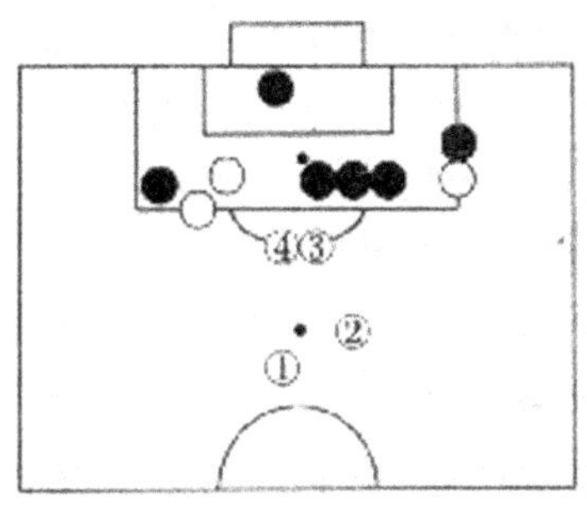

图 6-21

(2)罚球区角及两侧的任意球进攻。在罚球区角获任意球时，可用直接射门或传球配合射门的方法进攻。

①直接射门。在罚球区角获任意球直接射门时，多数进攻目标是近门柱。如图 6-22 所示，用绕过人墙内侧的弧线球或越过人墙上空后下落的侧下旋的弧线球射向守门员左侧球门的空当，这种球成功的可能性较大。

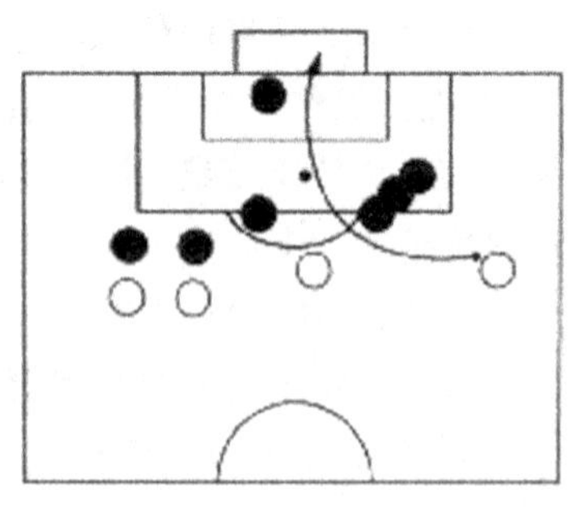

图 6-22

②传球配合射门。除直接射门外，罚球区角及两侧的任意球进攻战术大多采用长传门前由同伴头顶射门或先短传后中长传配合射门的方式。

A. 如图 6-23 所示，⑤号主罚，向球门区外的前、中、后三个区传球，⑨⑩⑧号分别插入这三个区域直接攻门或配合攻门。

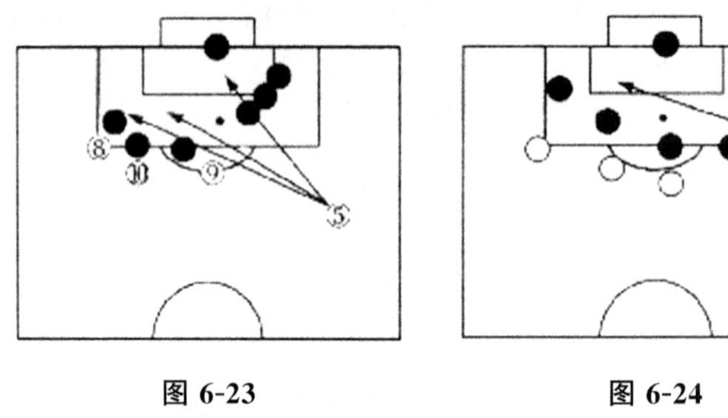

图 6-23　　图 6-24

B. 如图 6-24 所示，当守方人墙外未安置防守队员时，攻方可利用此空间进行配合。②③号在传球前应注意守门员的位置，②号先向前短传，③号插上将球传向中间。

③罚球区内的间接任意球进攻。攻方在罚球区内罚间接任意球机会少，但须作好准备，一旦出现机会，就要把握好。若在球门区附近，守方所有队员会在球门线上排墙，球射出的刹那，守方会全部向前封堵。因此，罚球时要做好下列两点。

A. 如果射门角度小，第一次触球可向侧后方轻传，增大同伴的射门角度。

B. 要观察守门员的站位，将球直接射向离守门员远的防守队员的头顶上空。

2. 任意球进攻战术训练理念

通常来说，在前场罚球区前沿中路区域罚直接任意球的威胁最大，该地区射门角度大，距离球门约 18 米，在此位置罚任意球，常能射门得分。在足球比赛中罚球弧两侧和罚球区两侧的任意球较多，要充分地利用好这些进攻的机会。在罚任意球时，首要选择是打门，即使选择配合也要越简练越好，这样成功的可能性才会大一些。罚任意球的配合虽然可以多样变化，但都必须以效果为前提。前场任意球进攻的区域主要为罚球弧区域、罚球区两侧区域、罚球区内。

3. 任意球进攻战术训练方法

(1)2～3 人排墙，1 名守门员，主罚队员练习内弧线和侧下旋内弧线球射门。

(2)增加 3 名进攻包抄队员，防守队员同上，练习主罚队员传前、中、后三点及包抄队员抢点攻门。

(3)增加墙内侧防守队员 4 名，进攻队员 6 名，罚球处 2 名。练习传门前三点，攻守对抗争抢；或者练习由罚球队员利用墙外侧空当突破传中，中间进攻队员包抄抢点攻门配合。

(4)9 名队员进攻，11 名队员防守。罚球地点在罚球区侧方不同位置移动，进行规定次数或时间的实战对抗。

(二)任意球防守战术训练

1. 任意球防守战术解析

(1)干扰罚球，争取时间迅速组织人墙。

①根据罚球地点确定排墙人数。如图 6-25 所示，一般为 A、B 区 2～3 人，C、D 区 3～4 人，E 区 5～6 人。

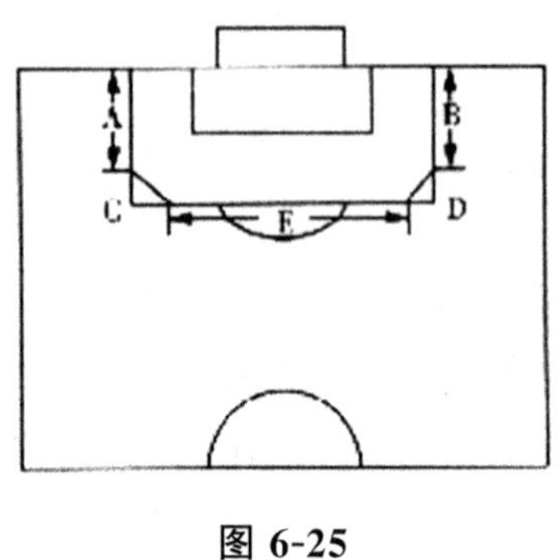

图 6-25

②人墙封堵球门的近角，守门员选择既能看清球和罚球者的动作，又能兼顾整个球门防守的位置作为最佳的防守位置。

③排墙在离罚球地点 9 米处左右，不宜再近，否则当裁判员要求人墙后退至规定距离时，会影响封堵的角度而造成危险。

④对于人墙的指挥，既可以由守门员担任，也可由人墙最外侧队员担任。通常由人墙最外侧的队员进行指挥比较理想。该队员离球 9 米，使球、自己和近门柱成一直线，然后向外侧横跨同肩宽的一步，以防从外侧绕过人墙的弧线球。

⑤排墙时最高的队员在外侧，依次向内。

⑥排墙时队员间要靠紧，双手交叉置于腹前，稍低头防球击脸。

⑦最出色的防守队员不参加排墙。

⑧在球罚出时，人墙应迅速向球移动，有效地封堵和缩小射门角度，人墙不能过早散开。

(2)控制和封锁要害空间。除排墙者外，其他队员选择有利位置控制和封锁要害空间。

①防罚球弧内的任意球要封锁和控制的区域为球门区线与罚球区线间地带，面积约为 18 米×11 米。

如图 6-26 所示，❺号应在球和球门柱内侧的连线上，封挡射向守门员左侧的球。❷、❸号的位置宽度大于球门区,半转身站位,以便快速向球门区移动排除此区内的危险。❾、❿号的位置是为了在对手向两侧短传以增大射门角度时迅速封抢。

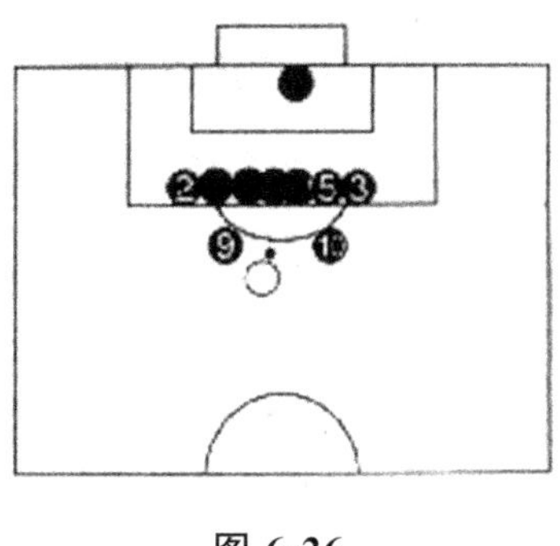

图 6-26

②罚球地点从罚球弧向罚球区角移动,威胁随之相对减小,而需控制和封锁的空间却随之增大,面积约为 30 米×11 米。

如图 6-27 所示,❾号干扰罚球并封抢射向球门内侧的弧线球;❸号控制墙外侧空区;❹号在球和远门柱内侧的连线间,封射向远门柱的球;❺号在远门柱外侧,防高球,该队员头球应出色。

图 6-27

③如图 6-28 所示,当罚球地点在球门区侧方时,❸号防墙外侧空区;❾号防罚球地点内侧的横向区域;❹号防射向球门柱

威胁最大的内弧线球。❹号的位置最重要，不能变，其他队员的选位可根据对手而定。

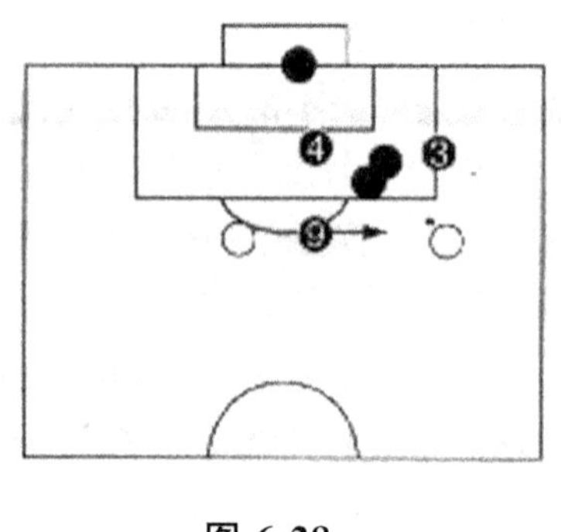

图 6-28

④防罚球区内间接任意球的方法如下。

第一，人墙尽可能保护较大的球门部分。根据规则，人墙的11 名队员站在球门线上，守门员应站在中心。

第二，球罚出时，对方第二次触球前，人墙应速向球移动封堵射门，并造成对手越位。

(3)任意球防守战术注意事项。

第一，适当地干扰发球队员发球，其他防守队员快速回防，并占据有利的位置。

第二，要迅速组织人墙，根据不同的发球区域，队员在 2～6 名不等。

第三，其他非组织人墙的防守队员要控制要害区域并占据有利的防守位置。

第四，以墙外侧队员指挥排墙为宜，最好的防守队员不参加排墙。

第五，最高队员在墙外侧，依次向内。

第六，罚球刹那，人墙迅速向球移动，缩小和封堵射门角度，人墙队员间应靠拢并做好保护。

第七，守门员选位在球门偏中，能看清球和罚球者的动作的地方，重点防守球门一侧，兼顾人墙封挡的部分，注意力集中。

第八,所有防守队员应注意力集中,遵守纪律,按预定计划完成各自的任务。

第九,遇危急时,抢先触球、踢远、踢高、向边线界外踢。

2. 任意球防守战术训练理念

前场任意球已成为现代足球比赛中进攻破门的锐利武器,罚球弧附近的任意球有着更大的威胁性。因此,加强罚球区周围任意球的防守是当务之急。在对罚球区附近的任意球进行防守时,首先临近罚球点的队员要进行干扰和组织对手快速地罚球,以为本队队员快速回位争取时间,占据有利的防守位置,并在恰当的位置组织好人墙,控制和封锁住要害区域,卡住要害区域进攻队员的切入路线。防守队员要精力集中,当对方罚球后,要抢先触球,尽快将球踢出危险区域。

3. 任意球防守战术训练方法

(1)训练方法。

①无对手情况下进行防守布局。

②对由 9 名进攻队员的各种选位进行防守。

③在教练员指导和调整防守的情况下,进行规定数量或时间的实战对抗练习。

(2)训练要求。

①观察守门员选位是否正确。

②观察人墙组织情况,如人数、防射门、指挥、排列、自我保护等是否正确。

③观察不参加排墙队员的位置和盯防能力,以及控制与封堵危险区域和空当的能力。

二、现代足球角球攻守战术训练

(一)角球进攻战术的训练

1. 角球进攻战术解析

角球进攻战术在现代足球比赛中多采用内弧线球传至门前区域,进攻球门前半部居多,而且效果相对较好。

(1)短传角球。短传角度速度较快,在角球弧处能够形成人数优势;可以缩短传中的距离,提高传球的准确性和增大传球角度,增加防守的难度,丰富战术的打法,并对球门造成很大的威胁。

对于队员身材不高,争夺空中球没有优势的球队可以采用短传角球战术。

(2)长传角球。在足球比赛中使用内弧线球直接射门的情况较少。长传角球是将球传至门前区域,由同伴来顶球或配合射门。

一般擅长右角球在前场的左侧罚角球,擅长左脚者在球场的右侧罚角球,这样有利于踢出球速快、旋转强、落点好的内弧线球。一般落点有三个区域:前点、中点、后点。

2. 角球进攻战术训练理念

随着现代足球技战术的快速发展,角球已经成为足球场上进攻破门得分的重要手段之一。角球进攻的优点:一是可以直接得分;二是直接接的角球者不算越位。角球进攻战术可分为短角和长角两种配合,多数采用内弧线球传至门前区域,攻击球门的前半部居多,攻击球门后半部较少,但效果较好。

3. 角球进攻战术训练方法

(1)两人练习。一人传高球给同伴头顶蹭传,要求练习应做到正确、熟练。

(2)如图 6-29 所示,守方守门员与两后卫分别站在近、远门柱处。进攻队员 5 名,其中 1 名罚角球,1 名在球门区侧,3 名进攻队员位于守门员前后侧方,阻挡防守者的视线和限制其活动。球罚出时,3 名进攻队员迅速向不同方向拉出至球门区外后立即形成三点包抄攻门。

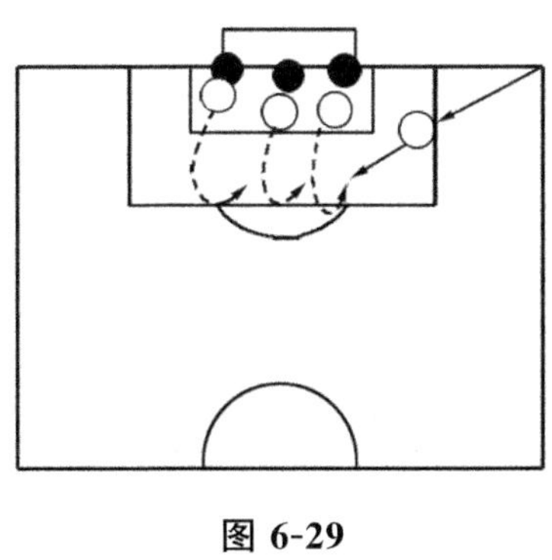

图 6-29

(3)配置 9 名进攻队员、11 名防守队员进行实战对抗练习。

(二)角球防守战术训练

1. 角球防守战术解析

对方罚角球时,应有 10～11 名防守队员。如图 6-30 所示,为各队员的防守位置。

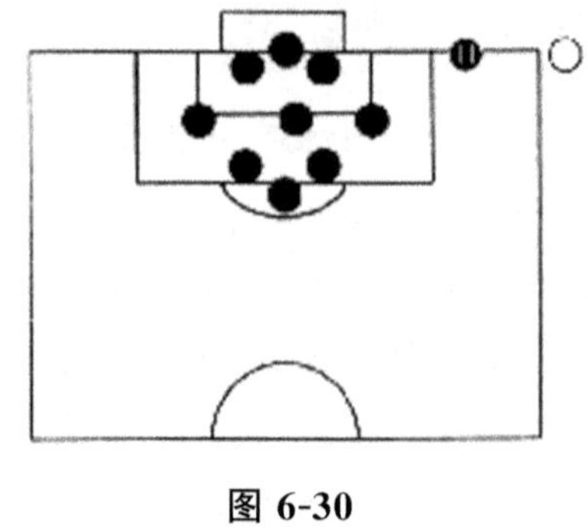

图 6-30

(1)队员⓫号离角球区 9.15 米干扰踢球。对方踢内弧线球时，站位离球门线稍远些；对方踢下旋或外弧线球时，站位离球门线近些。

(2)两边后卫分别防近、远门柱区域的射门和高球，守门员出击时他俩应补门。

(3)守门员选位在球门中部，斜向站立，既看到罚球者，又看到罚球区内的攻方队员，保护球门及控制球门区。

(4)3 名队员选位在球门区线上，防守前、中、后三个危险点和控制球门区外至罚球点间的区域。

(5)2 名队员选位于罚球点两侧，控制罚球点至罚球区的区域。

(6)另外，名队员在罚球区线处，控制罚球区前沿区域以防再次进攻和远射，并作伺机反击的准备。

(7)当球解围时，全体防守队员应快速同步向罚球区线上压上，以造成对方越位。

在运用防守角球的战术时，应注意以下几点。

(1)在防守角球时，所有的队员都要高度集中注意力，要有明确的分工，各就其位，各司其职，并做到人球兼顾。

(2)防角球时，切忌只盯人不看球或只看球不盯人。

(3)防守队员应抢占有利的防守位置，使自己始终处于球门内侧、对手和球之间。

(4)处于球门区线的3名队员要具备一定的高度，头球要好，如果有高个队员参与进攻，防守方要作出相应的调整并重点对其进行盯防。

(5)在进行解围时，防守队员应快速地全线压上至罚球区附近，以限制对手再次发动进攻。而当防守队员抢到球后，就可以发动快速反击。

(6)在进行解围或出现危机时，必须要抢先触球，并将球踢远、踢高、向两边踢，甚至可以往界外踢。

2. 角球防守战术训练理念

随着角球进攻战术在现代足球比赛中发挥着越来越重要的作用，必须要重视和加强角球防守战术的训练。在防守对方的短角和长角球时，首先要分工明确，在9.15米的距离安排1名防守队员，对传球队员的传球路线和落点进行干扰和限制，其他队员按照分工站好各自的位置，紧盯自己的对手和控制好自己的防守区域，积极地争抢一点和保护好二点，不给对手射门的机会。在防守对手进攻的同时，要伺机反击。

3. 角球防守战术训练方法

(1)训练方法。

①无对手情况下，排练所有队员的防守站位布局，明确各队员的任务后进行练习。

②1名队员自由选位进攻，11名队员防守练习。

③换另一侧角球弧练习。

(2)训练要求。

①观察守门员选位与防守出击情况。

②观察干扰罚角球队员的情况。

③观察两门柱及球门区线上几名队员的站位、盯防及处理球情况。

④观察其他队员的位置和防守情况。

⑤观察解围后防守整体压出情况。

三、现代足球界外球攻守战术训练

(一)界外球进攻战术训练

1. 界外球进攻战术解析

现代足球比赛中,不能低估界外球的作用。特别在罚球区两侧的界外球,其效果已接近角球,常常能够制造进球。界外球一般由2～4人配合进行,距离在5～10米居多。

(1)两人配合。一掷一接,接球者直接或间接回传给掷球者或由他人组织进攻。这在中、后场运用较多。

(2)三人或三人以上配合。中前场进攻时,守方采用紧逼盯人,两人配合较难成功,需要三人或更多队员配合。具体方法可用一拉一接、一接一插等配合方法。

2. 界外球进攻战术训练理念

在现代足球比赛中,掷界外球的次数有很多,尤其是在对方罚球区前沿及两侧的界外球。已经与角球所产生的效果相接近。界外球的投掷一般需要有2～4人相互配合进行,不论采用什么样的方法,都必须简练、快速、有效。

3. 界外球进攻战术训练方法

(1)两人一球,一掷一接练习。

(2)4人练习不设防守,一名后卫和一名前锋佯装接球,另一名队员插入前锋拉出的空当接球。

(二)界外球防守战术训练

1. 界外球防守战术解析

(1)在掷界外球的局部区域对有可能接球者,防守队员要实施紧逼,重点防守和保护危险区域和有可能出现的空当。

(2)在防守长传界外球时,要有一名防守队员干扰掷球者,以限制其掷球的准确性和远度。对有可能接球者要盯死,可采用前后夹击防守。其他的防守队员应选择有利的位置来对其他的进攻队员进行盯防。

在防守界外球时,应注意以下几个方面。

(1)防守队员要保持精力集中,扩大自己的视野,并做到人球兼顾和相互保护。

(2)要严加防范切入、插入的进攻队员。

2. 界外球防守战术训练理念

随着掷界外球战术的发展,其在比赛中的作用也越来越大,因此,加强防守界外球的能力是十分必要的。在对方掷界外球时,除了有一名队员上前干扰掷球队员,限制其掷球的准确性和长度外,在掷球的局部区域和门前的危险区域对接球队员都要进行紧逼和控制,盯死重点队员,注意保护防守队员身后的空当,积极争抢一点和二点球,尽快将球踢出危险区域或断球反击。

3. 界外球防守战术训练方法

(1)训练方法。

①队员 3 名进攻、3 名防守,进行一定时间和数量的练习。

②7 名进攻队员自由选位,与 9 名防守队员进行实战对抗练习。

③换一侧重复上述各练习。

④小场地比赛，练习界外球防守。

(2)训练要求。

①近距离干扰掷球者。

②重点防守球可能掷到的区域及危险人物。

③集中注意力，扩大视野，做到既看球又看人。

④不要在罚球区内外犯规。

第七章　现代足球心理与智能训练

足球运动员在参与足球比赛中，不仅要具有良好的体能素质，高超的技战术水平，在心理与智能方面也要达到一定的要求。只有通过科学的心理与智能训练，才能在比赛中发挥自身的综合优势。本章着重对现代足球心理与智能训练进行研究，以此来提高足球运动员的心理素质水平与智能水平。

第一节　现代足球心理素质训练

一、足球运动员心理

（一）动机

动机，是指人的行为的内在驱动力以及对某些朝向某一具体目标行动的行为起到激发和维持作用的心理倾向和动力。心理学界已经普遍认可了人类所有行为的起因都是某些内部动机的结果，除产生行为外，动机还可以决定个人行为的选择、投入的程度和行动的持续时间。

1. 动机的特征

动机具有一定的特征，主要包括以下三个方面。

(1)定向特征:力图达到某一特定目标。

(2)程度特征:为达到某一既定目标而努力或投入的程度。

(3)变化特征:随着时间、环境等内部、外部条件的变化,其动机水平亦随之呈现动态变化,通常表现为高—低—较高的起伏现象。

2. 动机的类型

通过对动机的研究,可以将动机根据来源分为内在动机和外在动机两种类型。

(1)内在动机。内在动机主要表现为兴趣、愿望、精神和情感等方面。

(2)外在动机。外在动机主要表现为为获得精神和物质奖励而努力奋斗;为在某些场合、某些人物面前获得表彰和奖励;展现自我才华,获得自我实现需要。

(二)态度

态度决定一个人对做出的行为的认真程度。态度并不能通过某些量化指标来评判,因此它是一种较为复杂的心理过程。

态度由个体的观念、感觉、印象等多种心理元素混合构成,并能使个体对所处的环境作选择性的反应,态度可决定个体对某项心理目标作积极性(赞同)和消极性(反对)的反应。通常情况下,态度具有心理目标、方向性、强弱性、后天习得性、一贯性和一致性等特点。

将态度与足球运动员训练相结合来看,态度除了能在足球技战术学习方面体现出来,还能体现在运动员参与训练的积极性、道德素质和体育素养上,这点对足球运动员的发展有较大的潜在帮助。如果年轻球员没有良好的动机和态度,那么不管教练员多么费心费力地指导,其竞技能力也不会获得较快提升。

（三）注意力

注意力是足球运动员在参与足球运动过程中需要具备的基本心理要求。注意力的培养应该在日常训练中进行，以便运动员从小就在比赛中养成良好的集中注意力的习惯。当运动员的注意力集中在比赛中时，他们就能获得更强烈的主动心理能量，这种心理能量可以使运动员体验到意识正处在高度警觉状态中，如此便可以更好、更快速地对场上的形势进行把控，先于对手采取应变措施，取得一定的优势。

1. 注意力的概念

注意力，是指人的心理活动对一定客体对象的指向与集中。对于现代足球运动训练来说，注意力训练要贯穿在日常的训练和比赛中。

注意力集中分为瞬时集中和持久集中，如时长为 90 分钟的足球比赛，要想获得 100％的注意力是非常困难的，训练的意义在于尽可能多的让运动员拥有高度集中注意力的时间，或在某些时段内要保持高度注意力（如开场时段、上半场最后 10 分钟、下半场开赛 10 分钟和比赛行将结束之际）。可见注意力集中的能力对于足球运动员充分发挥自身水平，争取比赛胜利是至关重要的。

2. 注意力的特点

（1）稳定性。注意力的稳定性是指人对某种活动所投入的注意力的持续时间。这就说明了注意力不是稍纵即逝的，通常情况下人们的注意力都可以保持一段或长或短的时间。注意力保持时间的长短受不同因素影响。运动员完成技战术行为的生理基础就是人的注意。运动员能把注意力始终集中于一场比赛的进程中，不受各种因素的分散和干扰，就能充分发挥生理和心理的潜能。

研究发现，足球运动员的注意力集中规律呈振动式，形成了一种类似于钟摆的“集中—放松—再集中—再放松”形态，这种过程将持续两个45分钟。因此，教练员要在充分了解这一规律的基础上做出针对性的战术要求。

(2)转移性。注意力的转移性是指足球运动员有意识地把注意力由一个对象转移到另一个对象上。这个所谓的注意力转移与注意力被分散相互之间并不等同。注意力的转移是有目的、自觉的转移。经过高水平训练的足球运动员能够根据情况的变化，自觉地将注意力迅速、恰当、不失时机地转移到下一个技战术行为。例如，在本方领先时会更多地将注意力放在保证稳定的防线上等。

(四)自信心

1. 自信心的概念

自信心是对自我所具备的能力在从事的行为中获得成功的坚定程度。影响自信心的因素很多，包括内在因素和外在因素。内在因素如自信心需要个人以一定的能力为基础，这就表明自信心是一种理智的心态，而不是妄自尊大的思维。外在因素如他人对自身行为的肯定与赞赏。

足球运动员非常重视他人对自身的看法，乐于得到他人的肯定和赞美，这对其自信心养成有较大帮助，是运动员多种不同成功体验的积累，是对将来取得成功的一种特殊向往。具有正确自信心的运动员总是可以给自己设定一个合理的且与自己能力相符的目标，他们非常清楚自身的能力，通常能在这个极限里获得最大的成功，而并不企望达到不现实的目标。

2. 影响自信心的因素

前面也提到了一些关于人的自信心的影响因素的问题，这里对这一问题做更加详细的解释。从人的心理学角度看，自信心水平已经成为了一个人个性特征的重要组成部分。自信心一旦被人所拥有，便会带有一定的倾向性和相对稳定性。当然，自信心又是动态的，它会因为受到多方面因素影响而出现上下起伏的波动。

(1)来自内部因素的影响。内部影响来自自身，如足球运动员参比赛前和参赛中身体状况、竞技状态、思维活动、情绪、技战术运用的成败，甚至饮食、睡眠等情况都会引起自信心水平的变化。举个细致的例子，原先在赛前教练制定的针对对手的战术打法获得了球员们的广泛认可，此时他们的信心大增，而一到比赛开始后发现在实战中原先制定的战术都被对手限制，场上局面非常被动，此时运动员的自信心就会受到打击，如果不能自我调整或由教练员改变战术，那么将会影响接下来的发挥。

(2)来自外部因素的影响。外部影响主要是指来自外部的客观因素，如赛前或比赛时的天气、场地、对手的变化、裁判员与观众的倾向性，甚至同伴或场内外的偶然突发事件等情况变化，都会影响自信心水平的变化。具体如善打短传渗透的球队来到了坑洼不平的场地进行比赛以及观众喝倒彩行为等都会影响运动员的自信心。当然，运动员也要从小建立起强大的心理素质，面对各种外在客观情况都要保持稳定的心态。

(五)意志力

意志力是一个人主观能动性的集中体现。在日常足球运动的训练中，应有意识地让运动员围绕一定的目标进行，在期间面对的一切困难和障碍都要认真思考，努力克服，坚持不懈地历练出充足的意志力，以期在高强度、高对抗的足球比赛中可以坚持下来，获得最终的胜利。

由此可见，意志力训练已经成为了包括足球训练在内的所有运动训练中最重要、最普遍的心理训练内容。

1. 意志力的概念

意志力这一品质对于足球运动员的发展是非常重要的。意志力是自确定个人目标后,个人为实现这个目标而投入实际行动的程度。拥有出色的意志力可以使运动员和球队爆发出非同寻常的战斗力,表现出不畏艰难、英勇顽强、勇往直前地去实现个人和全队的既定目标。

2. 意志力的特点

(1)自觉性。意志力是一种人的内心自觉形成的意识,它与人的目的和动机有关。动机越大、目的越明确、投入越大,意志力就越显得自觉与强大。

(2)主动性意志力是一种人在内心主动形成的意识。在足球赛场上,意志力是运动员独立自主地进行思考的积极主动的行为。这样带来的直接效果就是运动员在进攻端积极跑位牵扯防守,防守端积极协同配合使防线紧密无漏洞。

(3)勇敢性。足球运动是一项高对抗、高速度的团队运动,比赛进行过程中短兵相接,身体冲撞不可避免,而要想在硬碰硬的过程中占得优势,运动员就必须勇敢面对,不怕身体接触,不畏惧对抗。这就需要十足的勇敢性意志力,如果一名运动员没有勇敢的品质,那么在实战中有再好的个人能力也难有作为。

(4)果断性。意志力具有果断性的特点。意志力的果断性主要表现在足球运动员要有独立思考、快速准确决断的能力。足球赛场情势变幻莫测,独立决断、果断行为等良好的心理品质是运动员必需具备的。

(5)顽强性。意志力具有顽强性的特点。意志力的顽强性主要表现在足球运动员为实现最初制定的目标表现出的坚持不懈、奋勇争胜的精神。顽强性在对抗激烈的比赛中有助于运动员顶过体能极限期和局面被动期,是足球运动员特别重要的品质。

二、足球运动员心理训练

（一）足球运动员心理训练的概念与目的

1. 心理训练的概念

心理训练，是指通过多种方法有意识地对足球运动员的心理过程和个性特征施加影响，以期使他们学会调控自身心理状态，更好地参与足球运动的过程。

足球运动员在足球运动训练的过程中要接受的训练内容较多，主要可以归纳为技术、战术、身体、心理四大类。其中，心理训练是非常重要的内容。在以往的训练内容中对于足球运动员的心理训练并不算非常重视。这方面的训练通常只是在训练中偶尔提到，以教练员的口头鼓励和交流为主，或有比赛任务时以教练员的赛前动员和赛中训话为主，日常中并没有非常系统的训练。而随着运动心理学的不断发展，足球运动中的这种不太在乎心理训练的模式即将被打破。对足球运动员的心理训练也逐渐成为足球运动训练中的重点，对这方面的比重在不断增加。

2. 足球运动员心理训练的目的

足球运动员心理训练的目的在于培养与发展他们进行训练和参加比赛所必需的心理品质，使运动员对高强度的训练和竞争激烈的比赛具有良好的心理准备，从而形成相对稳定的训练和比赛心理。

（二）足球运动员心理训练的分类

足球运动员的心理训练大致可分为一般心理训练和赛前专门心理训练。

1. 一般心理训练

一般心理训练是针对提高足球运动员与专项运动有关的心理因素。由于在运动训练全过程均可贯穿安排，因此这种训练方式又称为“长期心理训练”。

2. 赛前专门心理训练

赛前专门心理训练是针对具体比赛而进行的心理准备，一般在比赛前两三周开始练习，并一直持续到比赛期间。

（三）足球运动员心理训练的意义

1. 有利于心理活动水平的进一步提高

对于足球运动员心理活动和技术动作的控制，其主要影响因素为心理状态。心理状态不佳，对生理活动和技术动作的控制程度就会大大降低。因此，只具备良好的体能素质和较高水平的技术是不够的，只有加上良好的心理状态，才能够使足球运动员发挥出正常的，甚至是超常的技战术水平。而且，心理状态不佳，还容易使运动员的心理产生紧张情绪，这会对肌肉动作的准确性有较大影响，从而使得动作变形，技战术水平难以得到正常发挥。为此，为了提高运动员的心理水平，改善其心理状态，一定要选择科学的方法对运动员进行心理辅导。

2. 能够使心理活动强度得到有效提高

足球运动员的心理活动强度在训练和比赛中具有非常重要的作用。如果强度不足，对技术动作的主导作用就无法实现。因此，为了能够更好地调节足球技术动作，避免失误的发生，一定要选择适宜的心理活动强度。只有身心达到平衡，才能够较好地完成技术动作，如果身心任何一方没有达到适宜的需要，都会影响运动员的身心平衡状态，从而使得技术动作变形，进而对训练和比赛的效果产生一定的影响。

3. 对于心理障碍的消除有积极作用

通过心理训练，不仅能够起到调节足球运动员心理活动能力的作用，而且还能够达到有效消除和治疗以往形成的某些心理障碍的目的，作用不可忽视。

在训练和比赛中，足球运动员往往会因为技术失常、比赛失败而导致心理上产生一定的障碍。比如常见的临场情绪过敏、动机不足、运动感迟钝等。针对这些情况，不要用身体训练和技术训练的方法和单纯依靠自然恢复来解决，通常情况下，是需要用心理学的方法来克服的，比如采用专门的心理恢复和治疗手段。

三、足球运动员心理训练的内容

（一）常规性心理训练

常规性心理训练是培养和发展足球运动员应必备的各种心理素质的主要训练内容。

1. 常规心理训练的主要内容

常规心理训练的主要内容包括集中注意训练、意志训练和生物反馈训练。其中，生物反馈训练是借助于现代化仪器把足球运动员机体的生理信息传递给他们自身，使其经过反复练习学会调节自身生理机能的方法。

生物反馈训练可提高足球运动员的运动感知觉能力，促进动作技能的形成和校正技术动作等。除此之外，这种方法还可起到调整运动员的情绪、消除疲劳、改善机体各器官系统功能的作用。

2. 常规心理训练的主要任务

常规心理训练的主要任务在于培养足球运动员从事足球运动专项所需的兴趣、能力、气质等个性心理特征；发展专项足球运动员所需的感知觉、运动表象、形象思维以及意志品质等心理过程；培养注意力的稳定性和合理分配注意力的能力等。

（二）实用性心理训练

在这里所说实用性心理训练主要是在足球比赛前进行的赛前心理训练，其具体是指准备具体比赛的心理训练。

赛前心理准备是在赛前动员会上由教练主导进行的，这种形式较为普遍，它是在较短时期内使足球运动员掌握自我调节心理状态的方法，在赛前适时形成最佳竞技状态的训练过程。

具体比赛的心理准备包括赛前心理训练和比赛过程中的心理调控。

赛前心理训练一般在比赛前 2～3 周开始进行，具体安排时要以比赛的具体目的任务、对手的水平与实力、比赛环境、场地气候等条件以及运动员的心理状态等为依据。

比赛过程中的心理调控可在临赛之前、比赛之中、两次比赛间隔甚至比赛之后进行。例如，赛前教练通过语言来激励足球运动员，如“我们之前的准备非常充分，大家把平时练的内容展现出来就可以了”“我们的战术非常对路，一定可以给予对手致命打击”等，在中场休息时的引导语可以为“下半场再控制 20 分钟左右，对方就没有力气打出有威胁的攻势了”等。

1. 赛前心理训练的主要内容

赛前心理训练的主要内容包括表象重现训练、控制情绪训练和模拟训练。其中模拟训练是用接近比赛实际情况而进行的实战练习，是提高足球运动员比赛适应能力的心理训练方法。对于这种心理训练的最佳方法为模拟训练，即通过模拟比赛的对手、场地条件、气候、现场情况、裁判等各方面的情况，来达到提高心理适应度的训练目的。

2. 赛前心理训练的主要任务

赛前心理训练的主要任务是使运动员明确比赛任务，激发良好的比赛动机，建立取胜的心理定向，形成达到目的的信心；使运动员掌握各种心理的调节控制方法，消除紧张情绪，以最佳的心理状态出场；使运动员学会在复杂的比赛形势下保持积极稳定的心理状态，以确保技战术水平的充分发挥。

四、足球运动员心理训练的方法

(一)足球运动员正确动机的训练方法

1. 设立心理训练目标

要想使足球运动员产生正确的动机，一个正确且合理的心理训练目标是非常重要的。这样做的理论基础主要是因为有一个令人向往的目标是激发动机的有效方法。具体来说，如教练员带领一支球队训练、比赛，必然要有一个目标和预想取得的成绩，这个目标要有一定的挑战性和难度，而不能是唾手可得的，但是设立的目标也要具有可行性，它可使教练员和运动员对实现目标的动机和行为有高度的责任感，并且可以让教练员和运动员彼此建立良好的关系以利于沟通，实现彼此之间的相互了解、信任和促进。

足球运动员心理训练目标的设定主要有以下几个要点。

(1)心理训练目标的设定基础要建立在对整体和个人全面、深入地了解与沟通的基础上，只有这样才能使心理训练目标既具有一定的难度性和挑战性，又具有实现的可能性。

(2)心理训练的目标要有量化考量标准，这个标准有利于随时对心理训练进行检查和监督；训练目标与计划要有一定的灵活性，可以更改、修定，但必须要有明确的阶段时间和完成时间。

(3)心理训练的目标可按训练周期的长短分为短期、中期和长期三种目标。其中，短期目标最为细致和具体，要设定实现目标的期限；中期目标是短期目标的阶段延伸，并以各阶段短期目标的实现，积累为中期目标的实现；短期、中期目标应该是长期目标的分期阶段目标。

(4)心理训练目标设定包含的内容有个人能力目标、整体实力目标、团队精神、战术纪律、球队风貌等目标。

2. 激发个人动机

激发足球运动员对于足球运动强烈的运动动机是足球教练员进行心理训练的主要任务之一。动机是人完成某种行为的最基本动力，只有使运动员的个人动机达到最佳水平，才能使其训练、比赛效率达到最高值。

3. 唤起、凝聚团体动机

足球是一项团队性运动，因此，对足球运动员的心理训练除要针对个人开展外，还要从全队的角度着眼，树立全队的整体意识、团队精神和集体荣誉感，这就是教练员通过心理训练唤起、凝聚全队的整体动机的主要目标，它关系到整个球队的整体训练水平、比赛成绩的提高等。

4. 重视参赛动机的调控

足球是一项激烈的竞技运动，参与竞技的目的都是争取最好的成绩。因此，参赛动机调控就成为心理动机训练的重要一环。参赛前的动机调控是教练员心理训练的重点，调控时应注意以下两点。

(1)要对运动员的现实动机做出准确的判断，帮助队员明确方向、树立信心、提高斗志，特别是对环境的变化和能够引起运动员心理变化的各种因素做出正确的判断。

(2)教练员在指导运动员心理适应方面要做好充分准备。这主要是因为尽管运动员有不畏艰难的精神，但是他们如果经历的比赛较少的话，心理很可能被各种突发情况打乱，因此，教练员就要对他们的心理进行引导，让运动员卸下思想包袱、排除各种干扰，使其参赛动机调控到最佳水平。

(二)足球运动员良好态度的训练方法

对运动员良好态度的训练首先需要他们正视训练和比赛，对于比赛抱有不过分注重胜负结果的心态，不能有赢了什么都好，输了什么都不好的想法。这看似与前面提到的足球竞技就是为了争胜的观点互相矛盾，但实际上，为了获得良好的态度以及良好的心理素质，将胜负置之度外是非常重要的心理技巧。如果一味地在脑中强调“只能胜、不能负”的内容，那么体现在比赛中肯定是畏首畏尾，想赢怕输，反倒最终因心理崩溃而输掉比赛。为了使运动员获得良好态度，有以下几种训练方法可供使用。

1. 身心放松法

身心放松法的方式有很多，如可以仰卧在舒适的地方，放慢呼吸，从而对心率、血压等植物性神经系统机能产生良好影响，使自我思想意念集中到轻松、安静、愉悦的感觉上，达到身心放松的效果。

2. 自我暗示法

自我暗示法是借助思想和语言的暗示，对自己的潜意识施加影响的方法，如运动员在训练或比赛前可以给予自我心理暗示，如用“我准备好了，今天一定会有不错的发挥！”“面对突发情况不能慌张，首先冷静下来！”等语言和默念来提示自己，目的是调节植物性神经系统机能，加强自我心理调控能力，使自身处于最佳心理状态。

3. 控制消极情绪

产生消极情绪是经常遇到的情况，内外部因素都有可能给运动员带来消极的情绪。心理态度的训练主要是让运动员学会控制消极情绪，始终保持对比赛的积极性和乐观态度。

当运动员对某种情景感到忧虑或缺乏安全感时，他就会产生焦虑的情绪。这种焦虑会有许多种表现方式。在心理方面，运动员会表现出比平常更大的精神压力，头脑中会闪现出自我否定的话语与想法。

控制比赛时的紧张和其他消极情绪需要一个长期逐步改变的过程。长期有意识进行情绪控制是足球运动员需要掌握的一种重要方法。因此对消极情绪的控制要在日常训练中随时关注，一旦运动员在训练中表现出消极情绪后，教练员可以以即刻叫停随时指导或在整堂训练课结束后找运动员单独交流等形式对运动员的消极情绪进行了解和消除。

（三）足球运动员注意力训练方法

在现代足球运动的心理训练中可采用多种多样的方法进行提高运动员注意力水平的训练。下面提供几种常用的训练方法。

1. 通过讲解的方法培养注意力集中

教练员要善于在平时的训练中或是在比赛前、中场休息以及赛后做总结，教练员在讲解的过程中都要刻意强调注意力集中的问题，如教练员的语言准确、简练、形象生动，使运动员感到既有兴趣又有新鲜感，吸引其全神贯注倾听，以集中其注意力。

2. 在训练方法上培养注意力集中

(1)结合技术训练的方法。可以通过结合技术训练，加强难度训练来培养足球运动员的注意力，如三人颠两球，要求逆(顺)时针轮转，一次触球；再如6～10人站成圆形，同时用两球做传球练习，要求用脚内侧(脚弓)一次触球，球不能互相碰撞、也不能两球同时传到一人脚下；如10～20人在中圈做运控球、过人，要求不能碰到别人的球和身体等。

(2)结合战术训练的方法。可以结合战术训练的一些方法，以培养运动员的注意力，如后卫线制造越位战术——在对方持球队员即将传空挡或传身后球时，后卫线听口令统一前压制造越位；或在本方防守中当球被向前踢出时，后卫线听口令统一前压，迫使对方后撤等。如攻方制造反越位战术——在上述两种后卫线制造越位战术时，由附近一名不处于越位位置的进攻队员听口令快速插上接球，制造反越位战术等。

(3)模拟比赛法。模拟比赛是最为贴近实战的一种训练方法。在模拟比赛训练时教练员要注意培养运动员对比赛集中注意力的能力，要求运动员在比赛中，要把注意力集中在贯彻教练员意图、完成技术动作、完成战术配合上。特别需要强调的是不要让运动员受到诸多外界客观因素的影响。

总之，心理训练的方法多种多样，且不同的运动员在不同的训练实践中有各自特有的方式，训练所要达到的目的和需要解决的问题也各不相同，在使用时要注意灵活运用，酌情而定。

(四)足球运动员自信心训练方法

在足球运动中，运动员的自信心是在长期的训练和比赛实践中通过教练员的辛勤培养和自身的努力，帮助队员认真分析胜负的主客观原因，使自身个人能力得到进步与提高的过程中逐步树立起来的。安排训练时要针对每个人的实际情况，切实可行、循序渐进，一味地要求过高可能会挫伤运动员的自信心。足球运动员自信心的训练方法有以下几种。

1. 鼓励法

当运动员出现失误、受到挫折、技术水平停滞不前等情况时，不要讽刺、挖苦、训斥、责骂、处罚，要耐心帮其分析原因，找出解决问题的办法。对其刻苦努力和良好的表现要给予充分的肯定和鼓励，以使其相信自己的能力，从而重新树立自信心。

2. 念动法

念动法，也称为“心理回忆训练”。足球运动员在训练或比赛前，对即将运用的技术、战术的要领、要求、方法、技巧等做系统的回忆，可以默想，也可以通过观看图片、影像资料等进行。在回忆过程中，要把完成动作的感觉和体验结合起来，以达到强化动作概念、改进和完善技术、战术的目的。

3. 讲述经验激励自信心

思维是自我想象空间的自我对话，用积极的话语、积极的心态进行自我对话，对增强自信心十分有益。

在足球训练和比赛中，每个运动员都有成功的经历和体验，深贮内心的成功喜悦和美好回忆是激励自信心水平的动力。特别在赛前用此方法是非常有效的。

(五)足球运动员意志力训练方法

足球运动员意志力的培养和提高是靠潜移默化、渐进积累的过程，培养意志力的方法是多种多样的，教练员要在日常生活、训练、比赛中注意对运动员意志力进行培养。

1. 在日常生活中培养意志力

教练员要善于对日常生活中的一些困难、矛盾的启发、诱导，使运动员克服困难、解决矛盾，并积累解决困难和矛盾的经验，使运动员树立信心，逐步养成坚强不屈的品质。

2. 在训练和比赛中培养意志力

(1)在艰苦环境下组织训练

在酷暑、严寒、大风、雨雪中进行训练和比赛是对运动员意志品质进行磨炼的有效途径，教练员要提出严格、明确的要求，以达到良好效果。

(2)在困难情况下坚持训练。在足球运动员身体感到疲劳的情况下，仍能坚持完成训练和比赛任务，特别是大负荷、高强度的训练或对抗激烈、拼抢凶猛的比赛，是对意志品质非常好的磨炼。

运动员在身体带有伤病不能正常训练时，能够在教练(或医生)的指导下，进行其他有助于伤病恢复、保持体能和状态的训练，也是对其意志品质的考验。

值得注意的是，对于上述这些情况，教练员都要给予关心、支持和鼓励，同时运动员要特别注意锻炼、休息和恢复相结合。

(3)模拟比赛环境进行训练。在对比赛环境条件及对对手特点进行了解和分析的基础上，安排相同情况下的适应性训练，就是所谓模拟比赛环境进行训练。在现代足球运动中进行模拟训练的主要目的在于有效提高运动员的临场适应性与坚强的意志力，运动员可以通过模拟训练在头脑中建立起合理的动力定型结构，来应对比赛中随时改变的临场情况，从而将自己的技战术水平充分发挥出来。具体来说，模拟训练的具体做法有很多，其中以下几种是最主要的。

模拟赛场气氛：通常在现代足球运动比赛过程中，现场观众的噪声会在不同程度上影响运动员的注意力，使运动员出现注意力分散和产生紧张情绪的情况。因此，在训练时，可以多邀请观众到场观看，造成一个热烈的氛围。亦可以采用放观众噪声录音的形式，音量从小到大地调节到接近竞赛时的实际程度，通过这样的训练，能够有效提高运动员适应赛场噪声的能力。

模拟对手：对即将面对的对手的情报进行收集，比较常见的途径有通过对对手以前的比赛录像等进行仔细观看,然后有针对性地对一部分队员专门模拟对手的特点(技战术等方面)进行安排,或挑选一些与对手特点相似的队员,让他们与即将参赛者进行训练比赛,使其做到知己知彼、心中有数,使自身获胜的信心与意志力得到进一步增强。

改变赛场局势:由于现在足球技战术的发展速度较快,且已经发展到了一个较高的阶段,因此,比赛场上情况的复杂程度也越来越高,一些难以预测的情况随时会出现,鉴于此,就要求运动员对变化的情景有一定的适应能力和较强的意志力。具体来说,可在比赛中有意识地采用改变比赛局势的方式。通过这种训练方法,能够有效发展和提高运动员的意志力。

五、足球运动员心理训练的注意事项

(一)注重团队心理氛围的维持

心理氛围是运动团队形成团体的最为重要的标志。团队的心理氛围主要是指全队及个别运动员的情感状态。好的心理氛围是整个团队可以协同一致地进行有目的运动行为,在这种氛围下团队可以有效克服困难以及分享获胜的喜悦。

团队中的每名运动员都要为团队的良好氛围做出贡献。队里呈现一种占优势的、有朝气的、活泼愉快的氛围,都会感染和作用于每名运动员,使他们获得良好的集体运动体验,并在一定程度上决定他们的自我感受。注重团队心理氛围的维持应从以下几方面着手。

1. 确立团队的道德准则

团队准则规定了队员在团队里的行动,这个准则会得到大部分队员的遵守和维护。由此也就可以看出,实质上这个团队准则的作用就是调节足球运动员的行动。每个队的准则的总和就表明了它的社会定向和情感反映的特点。

2. 保持良好的团队情绪

团队的情绪状态是心理氛围的特殊形式。通常而言，好成绩和胜利能够使每个足球运动员和整个团队都产生一种由衷的满足感，进入情绪的高涨状态。这种情绪带来一股新的力量，提高了运动员为争取新的成绩而更有效工作的愿望。失败也同样可以起一种促进作用，同样可以增添力量。但是，这需要分析失败的原因，汲取教训，克服消极情绪。

3. 减少团队冲突与竞争

团队中队员之间的冲突会导致极大的情绪波动，接踵而至的是悲伤、委屈、愤怒，甚至是仇恨敌视，这些都会产生一种潜在的矛盾。经受了挫折的运动员在冲突时会产生一种特殊的心理状态(情感上的紧张、焦虑不安等状态)。这样的状态往往会伤害运动员的自尊心，从而对训练和比赛不利。

显而易见，团队冲突对于一个团队活动的心理氛围起着消极作用，因为冲突者更多的是去考虑自己的矛盾而不去想整个团队。虽然冲突时常只发生在少数人之间，但要吸引许多人参加讨论、调解，有时冲突者会形成集团、甚至分裂和公开冲突趋势。因此，防止竞争变为冲突的最有效的途径，是在团队里进行超前的及预防性的心理疏导。

总之，重视团队心理氛围的建设能使足球心理训练效益扩大化，形成良好的团队意识，从整体上提高运动员的心理素质水平。

(二)重视团队中的人际沟通

但凡有人的地方就存在人际关系的问题。良好的人际关系关键在于彼此之间的沟通。在体育运动的团队项目中，队员之间，队员与教练之间的人际沟通就是团队和谐的关键。

人际沟通可能是口头的，也可能是非口头的，两种形式都存在于具体的运动中，对体育运动产生巨大的影响。构成人际沟通的重要要素是情绪表达、信息传递、沟通网的性质等。这些要素对于了解足球运动员在比赛、训练和其他社会接触时的沟通情况有着极为重要的意义。

在体育发达国家，早就建立了运动团体社会心理咨询体系。实验表明，失败的队员间的沟通会逐渐变为消极的沟通。团队沟通有质与量的问题，如教练给予队员的沟通程度和关心程度的不同，也会影响整个团队和团队的心理结构。那些受到忽略的队员到后来会被认为是无价值的。由于教练很喜爱某些队员，使这些队员因缺乏与同队其他队员之间沟通的机会，而感到自身被孤立。这些消极方面对运动员的心理训练会产生负面影响，不利于运动员个人以及整个团队运动技能的提高。因此，在运动员的心理训练中，应重视团队之间人际关系的沟通与协调，使队员之间相互信任和鼓励，为团结，提高团队作战士气创造良好的条件。

第二节　现代足球智能训练

一、智能的基本认识

（一）智能的概念

足球运动员对足球赛场上事态的认识和运用自己的知识对出现的各种问题进行解决的能力就是所谓的足球运动智能。①

---

① 孙文新，侯会生．现代女子足球科学化训练理论与实践．北京：北京体育大学出版社，2009.

在一般智能中，足球运动智能是其中较为基础的一种，它也是组成足球运动员整个竞技能力的重要部分。足球运动员在足球训练与比赛中，通过对多种学科知识的利用来发挥自己的智能水平。

现代足球运动训练与比赛的专业化程度不断提高，这就对运动员的智能水平提出更多的要求。运动员只有具备一定的智能，才可以顺利参与到训练与比赛的活动中。从某种程度而言，足球训练效果与比赛结果也会受到运动员智能水平的决定性影响。所以，运动员要对运动训练与比赛中智能的重要性进行充分的理解与重视。

（二）智能水平对足球运动员的积极影响

（1）智能水平较高的运动员，能够更深刻地把握足球运动的特征及规律，而且更准确地认识、掌握并体验足球训练的理论与途径。所以，在训练中，智能水平高的运动员能够对教练员的训练意图进行更加准确的理解，能够为了预定训练计划的高质量完成与通过自身的自觉行为与教练员进行默契的配合，从而有利于在较短的时间内高效地完成训练任务，并促进自身运动及竞技能力的不断提高与增强。

（2）智力水平较高的运动员，其能够对合理的足球技术进行准确与快速的理解，从而使自己对足球运动技巧进行学习与掌握的过程明显缩短；智力水平高的运动员也可以对足球运动战术的精髓和实质进行深入理解，在比赛中能够对各种战术进行机动灵活的使用。这类运动员所掌握的心理学知识较为丰富，对自己的心理活动的调动与控制比较擅长的，从而能够使自身在比赛中对已有的竞技水平的出色发挥得到有效的保障，将更高的总体竞技能力表现出来，从而提高获胜的几率。

二、智能训练的基本方法

（一）一般智能训练

足球运动员提高自身的运动智能需要以一般智能的提高为基础。所以，促进运动员运动智能提高的基础就是促进一般智能中各因素的提高，如促进观察力、注意力和思维力、想象力以及创造力等的提高。

1. 观察力训练

观察是一项知觉活动，它是有目的的，而且受思维的影响。感觉是观察的基础，足球运动员需要具备的主要智力因素中，观察力是基础。对运动员观察能力的训练与培养是一项十分重要的工作。足球比赛中，场上的信息瞬息万变，如果运动员没有良好的观察能力，就会难以适应快速变化的情景，这时就会记忆力减退，必需的思维材料难以在大脑中出现，运动员只能靠盲目的感觉来采取对应的措施。人在对事物进行长期观察的过程中，对一定的观察方法进行了掌握，良好的观察习惯开始形成，这时运动员所具有的观察能力是有个性特点的。

在足球运动训练与比赛的过程中，对观察任务加以布置，对观察方法进行传授，对观察习惯进行培养，这是促进运动员观察力提高的最基本的方法。在初次对观察任务进行布置时，运动员要做好充分的准备活动，将观察计划制订出来，对观察任务加以明确，将观察的重点指明，清楚观察程序，观察完后做好总结工作。运动员在对观察方法进行了解与掌握之后，应对观察任务及时加以布置，提出更高的观察要求。

2. 记忆力训练

反映经验的主要方式是识记、保持、再认和回忆。在足球运动员需要具备的众多记忆中,智力因素非常重要。逻辑记忆、情绪记忆、形象记忆以及运动记忆是人的记忆的主要分类。不管是哪一种记忆,都开始于感知记忆,然后发展为短时记忆,最后将短时记忆向长时记忆进行转化与强化。

促进记忆持久性、敏捷性以及快速正确再现等品质的发展是训练足球运动员记忆力的主要目的。

促进足球运动员记忆力发展的主要方法是,经常性地给运动员布置一些记忆的任务,如对一场足球比赛的情景加以记忆,记住对手的技术特点;对记忆的东西进行复述与回忆;将感觉记忆及时向短时与长期记忆转化;对记忆的方法与技巧进行掌握与运用。

3. 思维与想象力训练

足球运动员智力的核心部分是思维。使运动员对思维规律加以掌握,对思维进行熟练运用,促进思维能力的提高等是训练运动员思维的主要任务。

大脑通过对思维工具的运用,创造性地对思维材料进行加工的过程就是思维。① 脑是思维的主体,其发展水平会直接限制思维材料的占有量以及思维工具的运用程度。因此促进脑的结构功能的发展是训练足球运动员思维的终极目标。

人的思维有三种活动方式,即逻辑思维、形象思维和灵感思维。

对足球运动员逻辑思维能力的训练可通过分析与预测比赛形势、加工与综合赛场信息等方法来进行。

对足球运动员形象记忆力与想象力的训练需要在日常训练中不断加强,主要措施如下。

(1)加强运动员对理论的学习与掌握,对现象和本质之间的

---

① 孙文新,侯会生．现代女子足球科学化训练理论与实践．北京：北京体育大学出版社,2009.

联系加以明确。

(2)通过对图形与图表进行有意识的利用来对知识进行讲授。

(3)对运动员直觉能力的培养要重视起来。

(4)在足球运动训练的过程中注意对运动员发掘即兴的灵感进行启发,对运动员奇思妙想的表达进行鼓励,对运动员创造性的灵感思维进行积极的培养。

在足球运动员的思维训练中,至关重要的一项训练任务是思维速度的训练。在现代足球比赛中,运动员需要在高速运动中完成一切行动,如果在有限的时间内和激烈的竞争环境中缺乏较快的思维速度,运动员就会面临着时间、战机与取胜机会都将失去的风险。对思维速度进行训练的基本方法是在规定的时间内使运动员将思维任务完成,对思维步骤进行简化,对思路进行开拓,促使足球运动员注意力集中习惯的养成。

(二)运动智能训练

传授知识、对技能的掌握以及智能开发是对足球运动员运动智能进行科学训练的主要途径。

人们在通过各种实践活动后创造出知识这一重要的结晶,客观事物的属性、联系及规律能够以知识的形式反映在人们的头脑中。足球运动员对知识的占有过程是通过一系列的环节来实现的,具体包括领会、理解、巩固、运用等,人的大脑通过这些环节来对外界的知识加以贮藏,人贮藏知识的过程也可以看作是人的智能活动的过程。人的智能能够通过这种智力活动得到有效的开发。

人们活动的众多方式中,技能是其中一种,足球技能是操作技能中的一种,智能的参与在运动员获得这种技能的过程中发挥了重要的作用。通过训练运动员的技能,不但能够使足球运动员对足球技能加以掌握,而且能够对运动员的智能进行开发,进而对运动员脑神经活动的发展产生积极的促进作用。

对知识的占有、对技能的掌握以及对智能的开发是互为条件的。开发智能的过程中需要有知识与技术的参与，运动员对知识的占有与技能的提高与智能的活动也是紧密相关的。然而开发智能和占有知识以及提高技能是存在差异的。在对足球运动的知识和技能进行传授的同时，为了使智能开发的目的达成，应对运动员的一系列积极的思维活动进行组织与引导，如判断、理解、推理、领会、巩固、归纳等，这样知识和技能的智能化就会实现，这时运动员在占有知识和掌握技能的过程中就融入了智能的开发活动。

1. 促进足球运动员专业理论知识水平的提高

足球运动员在对专业理论知识与其他文化知识进行学习与掌握的过程中，在具体的学习方法方面既存在共性，又有区分。

(1)结合足球训练实践足球专业理论知识。与足球训练的实践相结合，争取对实际效果的尽快取得，这是运动员对专业理论知识进行学习与掌握的特殊要求。足球训练实践是足球科学理论知识的来源，而且所获得的知识要高于足球运动的训练实践，反过来也能够对足球训练进行科学有效的指导。因此，运动员对专业理论知识的学习要与一定的训练实践相结合，尤其是要与自己的训练实践相结合。为此，运动员要特别注意对训练计划的制订与实施，每天在训练结束之后做好训练日记，对训练总结工作也要认真对待。运动员要善于在训练中发现问题、思考问题，进而解决问题。运动员在与自身训练实践相结合的过程中对理论知识进行学习与掌握的同时，还需要注意对队员、对手以及国内外优秀足球运动员的训练实践进行观察和研究、对比与分析，在研究中对提高训练成效的方法进行挖掘与探索。

(2)广泛学习相关学科的科学知识。足球运动员要想进行科学的运动训练，就要掌握相关的科学知识，这些知识涉及多学科、多方面。运动员需要掌握的体育科学学科的知识十分丰富，主要包括体育美学、体育社会学、运动心理学、运动生理学、运动关学等，[①]对这些学科的学习与掌握有利于足球的科学组织，有利于足球竞赛的成功开展，也有利于优异比赛成绩的取得。所以，对运动员的智能训练不仅要对足球运动的理论知识进行掌握，而且要对相关的学科知识加以掌握。

2. 促进知识运用能力的提高

(1)促进理论知识应用自觉性的提高。足球教练员与运动员首先要对足球专业理论知识的意义与功能加以明确，而且要在自身训练的过程中自觉积极地对所学知识加以运用，这是促进运动员运用理论知识的能力与水平提高的基础与主要手段。运动员运用知识主要是要做好两方面的工作，第一是从实践中总结理论知识，第二是将所学理论知识运用到实践训练中。运动员要以训练实践的需要为依据，对与训练相关的理论知识加以探索，并对其进行理解性的学习与掌握，然后在实践中对其加以运用。

运动员只有以实践训练的需求为依据，才能有目的地学习理论知识，才能有针对性地运用理论知识，才能更有效地将实际问题解决好，而且会取得良好的学习与运用效果。例如，足球运动员为了能够对训练负荷与强度进行准确控制，需要学习通过对血乳酸指标控制负荷强度的相关理论知识，通过测定运动员各种强度训练负荷后的血乳酸峰值得出相应的数据，以此数据为基础确定足球运动员负荷强度的定量指标，进而有效提高训练质量。

足球运动员促进自身理论知识应用能力提高的另一个重要方法是，通过对理论知识的系统学习来发现问题，并对训练进行有意识的改进。例如，现在世界各国足球教练员通过不断学习

① 孙文新，侯会生．现代女子足球科学化训练理论与实践．北京：北京体育大学出版社，2009.

理论知识，不断改进足球运动的比赛阵型，出现了4—2—3—1、4—4—1—1等阵型，这对足球战术实践的发展具有积极的推动作用。[①]

(2)认真做好专题总结。对运用专业理论知识于训练实践的工作情况应及时进行专题总结，这是提高应用水平的另一个重要方法。通过科学的总结，可以对理论的认识更加深刻，对于实践的解析更加准确，从而把认识提高到新的层次和新的水平。

教练员、运动员都应注意提高自身的科学方法水平，要学好逻辑学、科学方法论，以及体育统计、实验设计、调查访问等具体科学方法，这是进行科学的总结和从事科学研究工作必不可少的。

(三)多元智能训练

在足球运动训练过程中，运动员只用到一种智能是不可能的，这主要是从神经学的视角来得出的结论。人类的大脑处于不断的工作中，然而其工作的方式并不单一。在足球运动训练过程中，运动员的智能会通过这样或那样的形式参与到训练中。在一次练习中，足球运动员将多种智能整合运用其中，能够将自身的运动潜能充分激发出来，从而能够大大地提高训练效果与比赛成绩。

在足球运动训练中，要以不同的训练内容与任务为依据，对运动员的不同优势智能进行充分考虑，从而对具体的训练模式与策略进行有针对性的选择，将传统的陈旧的不科学的训练模式打破，对运动员的积极思维进行有效的启发，使所选的训练策略及模式及运动员的个性特点相符，如此才能提高训练效果。

由于不同运动员所擅长的智能是有差别的，训练内容、目标及方法的多样性一定程度上取决于运动员智能潜能的多元性。

---

① 孙文新，侯会生．现代女子足球科学化训练理论与实践．北京：北京体育大学出版社，2009.

理论模式，在足球运动训练的实践过程中要尽量人独特的智能组合的作用充分发挥出来。多元智能足球运动训练中的总体程序结构如图 7-1、图 7-2 所示。

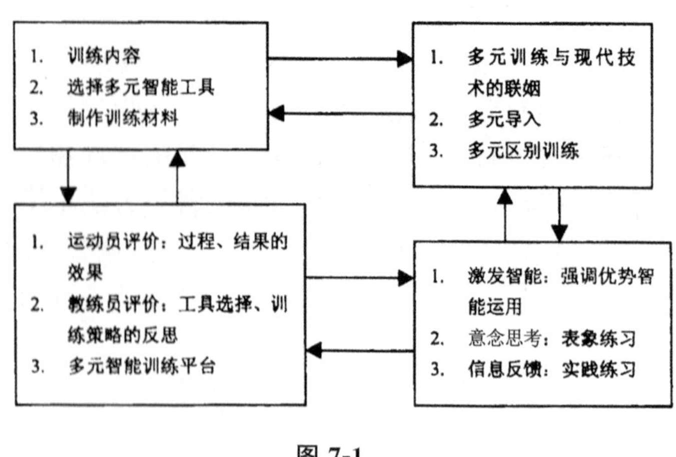

图 7-1

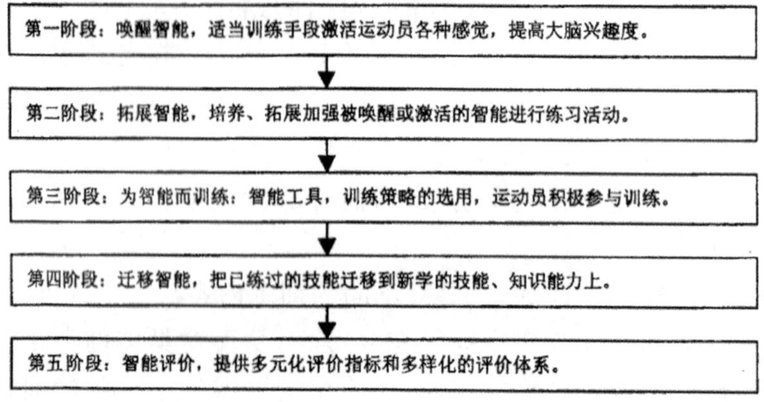

图 7-2

多元智能训练在足球运动训练实践中的运用有利于促进教练员与运动员之间相互合作的加强，有利于促进运动员之间、教练之间等人际沟通能力的提高，从而有利于全面提高运动员的智能水平，将传统的足球运动训练中教练安排什么，运动员就自然地练习什么的模式打破。与此同时，在进行多元智能的训练过程中，也要对运动员进行积极的鼓励和引导，使其通过多种方式展现自我，促进其自信心的增强，也使其对自我评价的规律进行掌握与运用。对多元智能训练的运用有利于促进足球运动训练效果的大幅提高。

三、智能训练的基本要求

在对足球运动员的智能进行训练的过程中，有以下几点要求需要做到。

(1)使足球运动员深刻地认识到，对理论知识的学习和对运动智能的发展是十分重要的，对运动员的思维进行积极的动员，使运动员训练智能的自觉性得到提高。

(2)在对足球运动员进行智能训练的过程中，对训练内容的选择和训练方法与层次的确定要以训练对象的实际情况为依据，实际情况具体是指足球运动员的文化知识素养、专业知识水平以及个性特征等。

(3)在足球运动员训练的整个系统中，融入运动智能训练，而且智能训练的比例要在整个训练中占有恰当的比例。

(4)应该对测定与评价足球运动员智能的制度进行逐步建立。现阶段，我国还没有更好的方法与制度来评定足球运动员的智能，评定智能的实践工作也开展得较为欠缺，这一问题需要进行进一步的研究。评定足球运动员智能的工作要与足球训练与比赛相结合，在实践中进行评定，也可以对专门的测验与考察进行组织与实施，然后给予足球运动员相应的评定。

参考文献

[1]郭晓伟．现代足球训练理念与实践[M]．北京：中国书籍出版社，2014.

[2]汤信明．足球运动教学与训练[M]．武汉：湖北科技大学出版社，2012.

[3]胡林涛．对我国足球运动训练理念的理论探讨[M]．成都体育学院，2013.

[4]秋鸣，赵人英．足球 ABC：青少年足球基础训练[M]．北京：北京体育大学出版社，2009.

[5]孙文新，侯会生．现代女子足球科学化训练理论与实践[M]．北京：北京体育大学出版社，2009.

[6]刘丹．足球体能训练[M]．北京：北京体育大学出版社，2006.

[7]刘丹，赵刚．青少年足球训练纲要与教法指导[M]．北京：人民体育出版社，2011 .

[8]马军．甘肃省高校高水平足球运动队可持续发展研究[M]．西北师范大学，2012.

[9]何志林．足球[M]．北京：人民体育出版社，2004.

[10]陈德敏，蔡舸．足球[M]．北京：北京体育大学出版社，2003.

[11]田志强．科化足球训练与中国青少年足球训练理念的差异性对比分析[M]．陕西师范大学，2011.

[12]谷明昌．现代足球理念[M]．北京：北京体育大学出版社，2005.

[13]田麦久．运动训练学[M]．北京：高等教育出版社，2005.

[14]周雷．足球[M]．北京：高等教育出版社，2004.

[15]邓运龙．训练观念及其导向功能[M]．北京：北京体育大学出版社，2005.

[16]张力维，毛志雄．运动心理学[M]．上海：华东师范大学出版社，2003.

[17]董晓冰．高校足球组合训练的理论与实践[M]．湖南大学，2011.

[18]张旭东．足球[M]．重庆：西南师范大学出版社，2006.

[19]张庆春．青少年足球训练理念与实践[M]．北京：北京体育大学出版社，2005.

[20]黄竹杭，王方．足球训练设计[M]．北京：高等教育出版社，2010.

[21]徐望春．中荷青少年足球训练理念的差异性研究[M]．武汉体育学院，2008.

[22](美)唐纳德·T·柯肯德尔著，曾少宁译．足球运动系统训练[M]．北京：人民邮电出版社，2015.

[23]张瑞林．足球运动[M]．北京：高等教育出版社，2005.

[24]刘鹏．我国青少年足球训练理念的研究[M]．山东大学，2010.

[25]曲晓光．现代足球训练理念诠释与应用[M]．广州：华南理工大学出版社，2009.

[26]王民享，吴金贵．现代欧美足球训练理念与方法[M]．北京：北京体育大学出版社，2010.

[27]张荃．现代足球后备人才培养与科学化训练[M]．北京：中国书籍出版社，2014